제 1 교시

국어 영역

[1～3] 다음은 학생의 발표이다. 물음에 답하시오.

여러분, 한국사 시간에 배웠던 '고려청자'를 기억하나요? (청중의 대답을 듣고) 모두 기억하는군요. 우리나라를 대표하는 문화유산 중 하나인 '도자기'는 도기와 자기를 합친 말입니다. 보통 진흙인 도토로 만들면 도기라고 부르고, 돌가루인 자토로 만들면 자기라고 부릅니다. (손을 든 청중을 보고) 혹시 궁금한 점이 있나요? (청중의 질문을 듣고) 아, 도기와 토기가 다른 것인지 궁금했군요. 도기 중에서 유약을 입히지 않은 것을 토기라고 부르는 경우가 있는데, 이는 일본식 용어입니다. 우리나라에서는 유약과 상관없이 진흙으로 만든 것은 모두 도기라고 합니다. 제가 오늘 발표할 주제가 바로 이 도기인데요, 저는 이제부터 도기를 순우리말인 '질그릇'이라고 하겠습니다.

질그릇은 시대와 지역에 따라 다양한 종류로 나뉩니다. 먼저 가장 오랜 역사를 지닌 질그릇이 있는데, 바로 '발'과 '호'입니다. (화면 1을 가리키며) 이 질그릇은 익숙하죠? 사발이라고도 불리는 이 질그릇의 원래 명칭이 발입니다. 물이나 음식 등을 담을 수 있도록 위는 넓고 아래는 좁고 평평한 모양입니다. 발은 초기 신석기 시대의 여러 유적지에서 흔히 출토되었는데, 다양한 크기로 제작되었고 전반적으로 단순한 형태를 갖고 있습니다. 또한 문양이 있는 형태와 없는 형태가 역사적으로 반복되어 나타나며, 기하학적인 무늬가 문양으로 많이 사용됩니다.

(화면 2를 가리키며) 이 질그릇을 뭐라고 하죠? (청중의 반응이 없자) 자세히 보세요. 지금도 시골집에 가면 마당 구석에서 비슷한 그릇을 발견할 수 있습니다. (청중의 대답을 듣고) 맞습니다. 바로 장독입니다. 우리가 흔히 '독'이나 '항아리'라고 부르는 이 질그릇의 학술명이 바로 호입니다. 호는 그릇에 담긴 내용물을 효율적으로 보관할 수 있도록 주둥이를 좁게 만듭니다. 호는 주로 청동기 시대의 유적지에서 발견됩니다. 삼국 시대에 이르러 제사 의례가 다양해지면서 목이 길거나 다리가 달린 새로운 형태의 질그릇이 만들어졌지만, 발이나 호는 별다른 형태 변화 없이 꾸준히 제작되었습니다.

(화면 3을 가리키며) 이 질그릇들은 바로 중국과 일본에서 만든 질그릇입니다. 이 질그릇은 중국에서 제작된 것인데, 주둥이 부분을 그릇의 몸통보다 넓혀 그릇의 윗부분을 크게 강조하거나 과장하고 있으며 기하학적 무늬를 조밀하게 새겨 넣은 것이 특징입니다. 또한 이 질그릇은 일본에서 제작된 것인데, 불꽃 형상의 화려한 장식과 손잡이가 있는 것이 특징입니다. 주둥이가 지금껏 보여 드린 것들보다 훨씬 좁죠?

지금까지 소개했던 그릇들을 다시 볼까요? (화면 4를 가리키며) 왼쪽은 우리나라의 발과 호이며, 오른쪽은 중국과 일본의 질그릇입니다. 여러분도 느끼셨겠지만, 우리 질그릇은 모양이나 무늬가 결코 화려하지는 않지만 자연스럽고 완만한 곡선이 돋보입니다. 이것이 바로 우리 질그릇의 아름다움입니다. 도기뿐만 아니라 자기에서도 이러한 특징이 잘 드러나는데요, 다음에 기회가 되면 '한국, 중국, 일본 자기의 비교'라는 주제로 무늬나 제작 기법 등에 대해 탐구해 보려고 합니다. 여러분도 한번 조사해 보면 어떨까요? 이만 발표를 마치겠습니다. 감사합니다.

1. 위 발표에 대한 설명으로 가장 적절한 것은?

① 청중의 경험을 환기하는 질문을 통해 발표 주제 선정의 동기를 구체적으로 밝히고 있다.
② 전문가의 말을 인용하여 청중의 상식이 잘못되었음을 지적하고 있다.
③ 청중에게 친숙한 대상에 빗대어 용어 개념의 차이점을 설명하고 있다.
④ 발표 내용에 대한 청중의 궁금증에 대해 정보를 추가하여 설명하고 있다.
⑤ 발표 내용에 대한 청중의 이해 정도를 확인하며 발표를 마무리하고 있다.

2. 다음은 발표자가 활용한 매체 자료이다. 발표를 참고할 때, 화면을 구성한 방식에 대한 설명으로 가장 적절한 것은? [3점]

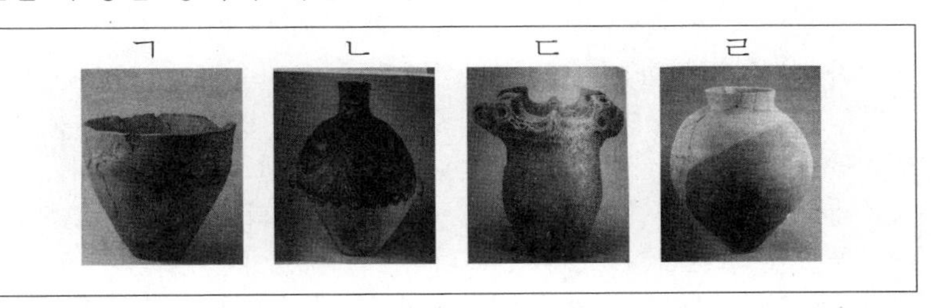

① 화면 1에 ㄱ과 ㄴ을 배치하여 용도에 따른 도기 모양의 차이점을 강조했다.
② 화면 2에 ㄱ과 ㄹ을 배치하여 시대에 따른 질그릇 형태의 변화 양상을 부각했다.
③ 화면 3에 ㄴ과 ㄷ을 배치하여 도기에 나타난 무늬와 장식의 유사성을 부각했다.
④ 화면 3에 ㄴ과 ㄹ을 배치하여 중국과 일본의 도기 형태가 우리나라 도기에 미친 영향을 부각했다.
⑤ 화면 4에 ㄱ~ㄹ을 모두 배치하여 우리나라 도기의 곡선이 지닌 미적 특징을 강조했다.

3. <보기>는 청중이 위 발표를 들으며 떠올린 생각이다. 청중의 듣기 활동을 이해한 내용으로 적절하지 <u>않은</u> 것은?

< 보 기 >

- **청자 1**: 도자기가 도기와 자기를 가리키는 말이었다니, 놀랍군. 그런데 조선백자는 도토로 만들었을지, 자토로 만들었을지 궁금하군.
- **청자 2**: 얼마 전 도자기 박물관에서 질그릇을 직접 봤는데, 기능에 따라 형태가 다양했어. 나도 발표자처럼 우리나라 질그릇이 단아한 아름다움을 지니고 있다고 생각했어.
- **청자 3**: 다른 나라와 비교할 때 우리나라 질그릇의 무늬는 어떤 특징을 지니고 있을까? 발표자가 말한 대로 한국, 중국, 일본 자기의 무늬 특징을 비교해 봐야겠어.

① 청자 1은 발표를 통해 알게 된 새로운 정보를 파악하고 있다.
② 청자 2는 자신의 경험을 떠올리며 발표자의 견해에 동조하고 있다.
③ 청자 3은 발표자가 제안한 내용을 긍정적으로 수용하고 있다.
④ 청자 1과 청자 3은 발표에서 직접 언급되지 않은 내용에 대해 궁금증을 갖고 있다.
⑤ 청자 2와 청자 3은 발표 내용과 자신의 배경 지식을 대조하며 발표 내용에 대해 의문을 제기하고 있다.

[4～7] (가)는 학생 회의의 일부이고, (나)는 회의 내용을 바탕으로 작성한 학교 신문의 기사문 초고이다. 물음에 답하시오.

(가)

학생회장 : 오늘은 지난 회의에서 예고된 바와 같이 중국 자매 학교 학생들의 학교 방문과 문화 교류회를 준비하기 위한 회의를 하도록 하겠습니다. 지난번에 말씀드린 것처럼 중국 학생들이 학교에서 머무는 시간은 일정 상 3시간 반 남짓입니다. 그 중 환영식과 점심 식사 시간을 제외한 2시간을 학생회에서 준비해야 하는데요, 일단 작년 교류회를 되돌아보면서 이번 문화 교류회를 준비하는 것이 좋을 것 같습니다.

학생 1 : 작년 문화 교류회는 문화 공연을 중심으로 했는데요, 다소 단조로운 인상이 들었습니다. 양교 학생들이 수동적으로 공연을 관람하는 방식이어서 학생들끼리 대화를 하거나 교류를 하는 데 한계가 있었던 것 같습니다.

학생 2 : 저도 같은 생각입니다. 지난 교류회에 대한 양교 학생들의 반응을 보면 양교 학생들이 자유롭게 대화하고 교류하는 시간이 적어 아쉬웠다는 반응이 많았습니다. 특히 중국 학생들은 한국 학생들의 학교생활에 대한 관심이 많은데 정작 이를 경험할 수 없어서 아쉬웠다는 반응도 있었습니다.

학생 3 : 문화 공연도 중국 학생들이 잘 모르는 노래와 춤으로 구성되어 중국 학생들의 호응이 부족했던 것 같습니다. 이번에도 문화 공연을 한다면 중국 학생들의 취향을 고려해서 공연을 준비할 필요가 있습니다.

[A]

학생회장 : 여러분들의 말을 들어 보니 ㉠ <u>이번 교류회는 문화 공연 이외에 다른 프로그램을 추가하는 것이 좋을 것 같네요. 어떤 프로그램이 좋을까요?</u>

학생 2 : 저도 다른 프로그램을 추가하는 것이 좋을 것 같은데요. 중국 학생들이 한국 학생들의 학교생활을 궁금해 한다고 하니 중국 학생들을 학교 수업에 동참시키면 어떨까요?

학생 3 : 물론 중국 학생들이 학교 수업에 동참하면 좋겠지만, 교류회에 참가하지 않는 학생들의 수업을 방해할 수 있고 한국어를 모르는 중국 학생이 동참할 수 있는 수업을 준비해야 하는 선생님들께 큰 부담이 될 수 있습니다. 문화 공연 시간을 줄이는 대신 한국 학생들의 학교생활을 시각 자료를 활용해 발표하는 시간을 가지면 어떨까요?

학생 1 : 좋은 생각입니다. 자매학교 학생회에 제안을 해서 중국 학생들의 학교생활도 번갈아 발표한다면 양국 학생들이 서로를 이해하게 되어 교류의 의미도 커질 것 같습니다.

학생 2 : 좋습니다.

[B]

학생회장 : 그럼 문화 공연 시간을 작년보다 줄여서 양국 학생들의 학교생활을 소개하는 발표 시간을 추가하도록 하겠습니다. ㉡ <u>다음으로 학생들 간에 자유롭게 교류하는 시간을 늘리는 방안은 없을까요?</u>

학생 3 : 점심시간 전에 문화공연과 학교생활 발표를 조금 일찍 끝내고 양교 학생들이 모둠을 이루어 교정과 복도를 산책하는 시간을 가졌으면 좋겠습니다. 그러면 우리 학교 학생들이 학교와 학교생활 등을 안내해 주면서 자유로운 대화의 시간을 가질 수 있을 것입니다.

학생 1 : 저도 동의합니다. 점심시간에는 많은 학생들이 이동하기 때문에 오히려 혼란스러울 수 있습니다. 점심 시간 전에 학교를 둘러보며 자연스러운 교류 시간을 가지고 점심까지 함께 먹는다면 교류의 분위기와 효과가 더 좋아질 것 같습니다.

학생 2 : 수업에도 큰 지장을 주지 않고, 학생 교류도 활성화할 수 있으니 저도 찬성합니다.

학생회장 : 좋습니다. 그러면 지금까지 회의한 내용을 바탕으로 시간 계획을 세우기로 하죠. 그리고 학교 신문에 문화 교류회를 안내하고, 교류회 준비를 도와 줄 학생들을 모집해 봅시다.

(나)

중국 친구들과 함께 하는 문화 교류회

우리 학교와 중국 ○○ 고등학교는 2008년 자매결연을 맺은 이후 매년 상호 방문행사를 개최하고 있다. 지난 2월 우리 학교 학생들의 중국 ○○ 고등학교 방문에 대한 답방으로, 오는 ○월 ○일(월) 09:30~13:00까지 중국 ○○ 고등학교 학생 80명이 우리 학교를 방문하여 문화 교류회를 가질 예정이다.

이번 교류회는 환영식을 시작으로 양국 학생들의 문화 공연과 학교생활 소개 발표, 학교 산책, 점심 식사의 순서로 진행될 예정이다. 특히 올해는 양교 학생들이 서로의 학교생활을 이해하고, 학생 간의 자유로운 대화와 교류의 시간을 확대하기 위해 학교생활 소개 발표와 학교 산책 프로그램이 새롭게 편성되어 더 유익한 교류회가 될 것으로 전망된다.

㉮

이에 학생회에서는 국내에 잘 알려진 중국 노래나 중국에 잘 알려진 케이팝(K-POP) 가수의 노래를 부를 수 있는 학생, 중국어 능력이 있는 학생 들이 문화 교류회 준비에 적극적으로 동참해 줄 것을 당부하였다. 도움을 줄 학생들은 △월 △일(월)부터 일주일 간 학교 누리집에 참가 신청을 하면 된다.

4. [A], [B]에 대한 설명으로 적절하지 <u>않은</u> 것은?

① [A]에서 학생 1은 학생 3의 제안과 관련하여 추가적인 방안을 제시하고 있다.
② [A]에서 학생 3은 학생 2의 제안이 실현되었을 때 예상되는 문제점에 대해 언급하고 있다.
③ [B]에서 학생 2는 구체적인 근거를 제시하며 학생 1의 제안에 대해 찬성하고 있다.
④ [B]에서 학생 3은 자신의 제안이 실현되었을 때 얻을 수 있는 효과를 밝히고 있다.
⑤ [A]와 [B]에서는 모두 학생 1이 학생 3의 제안을 수용할 의사를 표명하고 있다.

5. (가)의 담화 흐름을 고려할 때, ㉠, ㉡의 발화에 담겨 있는 전제로 가장 적절한 것은?

① 문화 교류회를 위한 충분한 시간이 확보되어야 한다.
② 문화 공연을 통해 얻을 수 있는 효과를 극대화해야 한다.
③ 중국 자매학교 학생들의 반응을 적극적으로 고려해야 한다.
④ 보다 많은 학생들이 문화 교류회에 참여할 수 있어야 한다.
⑤ 문화 공연에 대한 중국 자매학교 학생들의 참여를 독려해야 한다.

6. 다음은 (나)를 쓰며 계획한 내용이다. (나)에 반영된 내용으로 적절하지 않은 것은?

- 회의에서 거론되었던 문화 교류회의 다양한 행사를 순서대로 제시해 학생들의 이해를 돕는다. ······ ①
- 이전에 실시되었던 문화 교류회에 대한 반응을 소개하며 새로운 프로그램을 마련한 이유를 설명한다. ······ ②
- 올해 실시될 예정인 문화 교류회가 작년과 달라진 점을 구체적으로 언급하며 학생들의 관심을 유도한다. ······ ③
- 문화 교류회 준비를 도와줄 수 있는 학생들을 모집하기 위해 교류회 참가 신청 방법과 시기를 안내한다. ······ ④
- 문화 교류회를 성공적으로 실시하기 위해 재능이 있는 학생들의 적극적인 참여를 기대하고 있는 학생회의 생각을 전달한다. ······ ⑤

7. <보기>는 기사문의 초고에 대한 학교 신문 편집장의 반응이다. 이를 바탕으로 ㉮에 들어갈 내용을 작성한 것으로 가장 적절한 것은?

< 보 기 >

학교 신문 편집장: 문화 교류회를 도와 줄 학생들을 모집한다는 내용을 담은 마지막 문단 앞에, 이번 문화 교류회가 독자들에게 어떤 효과와 의미를 갖는지 밝히는 것이 좋겠습니다. 그리고 이러한 내용을 바탕으로 문화 교류회에 대한 관심과 참여를 당부하는 학생회의 입장도 전달되었으면 좋겠습니다.

① 학생회는 이번 문화 교류회는 작년과 달리 새로운 프로그램이 추가되어 중국 자매학교 학생들에게 더욱 재미있고 유익한 행사가 될 것이라며 우리 학교 학생들의 적극적인 협조와 참가를 부탁했다.
② 이번 문화 교류회는 우리 학교와 중국 자매학교 간의 자매결연을 지속하고 양교의 발전에 도움이 되는 만큼, 학생회에서는 문화 교류회를 성공적으로 실시할 수 있도록 최선의 노력을 다하겠다고 밝혔다.
③ 지난 2월 우리 학교 학생들의 중국 자매학교 방문 시 보여주었던 중국 학생들의 호의와 친절에 보답한다는 의미에서, 학생회는 우리 학교 학생들이 문화 교류회의 성공적 개최를 위해 노력해야 한다고 강조했다.
④ 학생회에서는 우리 학교 학생들이 중국 자매학교 학생들과의 교류를 통해 국제화 시대에 필요한 상호 이해 정신을 기를 수 있는 좋은 기회라고 판단하고 많은 학생들이 문화 교류회에 적극적으로 참여해 줄 것을 당부했다.
⑤ 문화 교류회는 우리 학교를 방문한 중국 자매학교 학생들에게 잊지 못할 시간이 될 것이므로, 학생회에서는 그러한 기대에 부응하는 문화 교류회가 될 수 있도록 행사 준비 과정에 많은 학생들의 도움이 필요하다고 강조했다.

[8～10] 글을 쓰기 위해 (가)의 메모를 작성한 후, (나)의 자료를 수집하고 (다)를 작성하였다. 물음에 답하시오.

(가) 학생의 메모

○ 학습 활동 과제 : 사회적 쟁점에 대해 학급 학생들에게 주장하는 글을 쓴다.
○ 학급 학생들에 대한 분석

- 일부 학생들은 일광절약시간제가 무엇인지 잘 모른다. ······ ㉠
- 일광절약시간제의 목적, 효과를 궁금해 하는 학생들이 있다. ······ ㉡
- 일광절약시간제를 알고 있는 학생들 중에는 나와 상반되는 견해를 가진 학생들도 있다. ······ ㉢

(나) 학생이 수집한 자료의 일부

ⓐ 한 보고서에 따르면 우리나라에서 일광절약시간제가 도입될 경우 에너지 절약 효과가 상당할 것이라고 한다. 일광절약시간제의 에너지 절약 효과는 ⓑ 이미 이 제도를 도입하여 시행하고 있는 외국의 사례를 통해서도 확인된다. 하지만 ⓒ 이 효과가 일광절약시간제를 도입하는 데 드는 예산보다 미미하다는 주장도 있다. (중략)… 일부 학자들은 ⓓ 환경 문제가 세계적 의제라는 점을 고려하여 일광절약시간제를 평가해야 한다고 강조한다. 이처럼 ⓔ 전문가들 사이에서도 일광절약시간제가 불필요한 제도라는 의견과 유의미한 제도라는 의견이 충돌하고 있다.

(다) 학생의 글

해마다 하절기가 되면 블랙아웃에 대한 우려가 높아지면서 일광절약시간제에 대한 사회적 논의가 활발하게 이루어진다. 블랙아웃은 대규모 정전 사태를 가리키는 것으로, 하절기의 전력 수요가 폭증함에 따라 발생한다. 이에 따라 하절기에 표준시를 1시간 앞당기는 제도인 일광절약시간제를 도입하자는 의견이 나오는 것이다. 일광절약시간제는 에너지 절약을 목적으로 하여 미국과 유럽 등 전 세계 70여국에서 시행되고 있다. 우리나라에서는 1949년부터 1960년까지, 1987년부터 1988년까지 두 차례 시행된 바 있지만 사회적 합의가 충분히 이루어지지 않아 현재는 시행되지 않고 있다. 그러나 나는 일광절약시간제의 도입을 다음과 같은 이유로 찬성한다.

일광절약시간제 도입은 환경 문제를 해결하는 방안으로서 가치가 있다. 미국의 경우, 일광절약시간제로 하루 10만 배럴의 원유를 절약하는 효과를 얻고 있다고 한다. 우리나라의 에너지경제연구원의 보고서에서도 일광절약시간제를 도입하면 연간 최대 1,362억 원의 에너지를 절약하는 효과가 있을 것이라고 분석하였다. 일각에서는 일광절약시간제의 에너지 절감 효과가 전체 에너지 사용량의 1% 안팎에 불과하다며 제도 도입의 필요성에 의문을 제기하기도 한다. 그러나 환경을 지속가능하도록 보호하는 것이 세계적 과제인 현 상황에서 일광절약시간제가 조금이라도 에너지 절약에 효과가 있다면 그것만으로도 충분히 도입할 가치가 있다.

일광절약시간제는 복지에도 기여하는 바가 크다. 최근 우리 사회의 화두는 여가와 일이 조화를 이루도록 하여 삶의 질을 높이는 것이다. 근로 시간 단축제를 통해 주당 근로 시간을 52시간으로 제한한 목적도 전 국민의 삶의 수준을 향상시킨다는 데 있다. 일광절약시간제가 도입되면 하루의 생활 일정이 1시간씩 빨라지는 때문에 일을 마치고도 여가를 즐기거나 살림과 육아에 참여할 시간이 생긴다. '저녁이 있는 삶'이 가능해지는 것이다.

[A] 무엇보다 일광절약시간제 도입 논의가 일광절약시간제의 경제적 효과로 인해 재점화되었다는 것을 주목해야 한다. 현재 우리나라는 장기 저성장 국면에 들어섰다. 제조업 성장을 통해서는 경기 부양이 어려우므로 서비스업을 일으켜야만 하는 상황이다. 국민들에게 소비 시간과 여건을 제공하고, 여가 서비스업을 활성화하여 내수를 진작할 필요가 있는 것이다.

일광절약시간제는 단순히 하절기의 일광을 효과적으로 쓰자는 것이 아니다. 환경적 측면에서, 사회 복지적 측면에서, 경제적 측면에서 도입의 의의가 있는 것이다. 그러므로 일광절약시간제는 하루빨리 도입되어야 한다고 본다.

8. ㉠~㉢을 고려하여 (다)를 작성했다고 할 때, 학생의 글에 활용된 글쓰기 전략으로 적절하지 <u>않은</u> 것은?

① ㉠을 고려해, 블랙아웃의 의미와 함께 일광절약시간제의 개념을 설명한다.
② ㉡을 고려해, 일광절약시간제를 시행하고 있는 다른 나라의 경우를 밝히고 일광절약시간제의 시행 목적을 언급한다.
③ ㉡을 고려해, 우리나라가 과거에 일광절약시간제를 도입했던 이유를 밝히고 일광절약시간제 도입을 위해 필요한 과정을 제시한다.
④ ㉢을 고려해, 근로 시간 단축제와 관련지어 일광절약시간제가 삶의 질을 제고할 수 있음을 설득의 근거로 제시한다.
⑤ ㉢을 고려해, 일광절약시간제의 도입 논의가 재점화된 배경을 밝히며 일광절약시간제의 경기 부양 효과에 대해 설명한다.

9. (나)를 활용하여 (다)를 작성했다고 할 때, 학생의 자료 활용에 대한 설명으로 적절하지 <u>않은</u> 것은? [3점]

① ⓐ의 출처와 통계를 찾아, 일광절약시간제 도입이 에너지 절약에 효과가 있음을 제시했다.
② ⓑ의 세부 내용을 밝혀, 일광절약시간제를 통해 에너지를 절약하고 있는 미국의 사례를 제시했다.
③ ⓒ를 구체화하여, 일광절약시간제의 에너지 절감 효과가 전체 에너지 사용량의 1% 정도밖에 되지 않음을 제시했다.
④ ⓓ를 이유로 들어, 일광절약시간제의 에너지 절감 효과가 미미할지라도 일광절약시간제를 도입할 필요가 있음을 제시했다.
⑤ ⓔ에서 한쪽의 의견을 선택하여, 일광절약시간제의 도입이 '저녁이 있는 삶'을 가능하게 하여 사회 복지적 차원에서 유의미한 제도임을 제시했다.

10. <보기>에서 근거를 찾아 [A]에 대해 반박하는 글을 쓰려고 한다. 글에 담길 내용으로 가장 적절한 것은?

< 보 기 >

우리나라가 저성장의 궤도에 들어서게 된 이유로는 생산 인구 감소, 낮은 노동 생산성, 기업의 투자 저조 등의 구조적 문제를 꼽을 수 있다. 근본적인 경제 구조의 변화 없이 내수 부진, 수출 저조 등의 경기 침체를 극복할 수는 없는 것이다.

① 일광절약시간제를 시행하는 데 드는 비용이 크기 때문에 경기 부양 효과는 발생하지 않는다.
② 일광절약시간제는 경기 침체를 해소할 수 있는 근본적인 방안이 아니다.
③ 장기 저성장 시대에 일광절약시간제를 도입하면 경기가 더욱 악화된다.
④ 일광절약시간제는 국가 경제만을 고려하고 기업의 상황은 고려하지 않은 일방적 정책이다.
⑤ 일광절약시간제의 파급 효과에 대한 조사 없이 국가적 차원에서 제도를 추진하는 것은 바람직하지 않다.

11. <보기>에서 학생의 대답으로 적절하지 <u>않은</u> 것은?

< 보 기 >

선생님 : 어떤 단어를 발음할 때 음운 변동이 일어나면 전체 음운의 개수에도 변화가 생길 수 있습니다. 어떤 음운이 다른 음운으로 바뀌는 '교체'가 일어나면 전체 음운의 개수에 변화가 없지만, 없던 음운이 추가되는 '첨가'가 일어나면 음운의 개수가 늘어나겠죠? 한편 원래 있던 음운이 없어지는 '탈락'이 일어나거나, 두 음운이 제3의 한 음운으로 합쳐지는 '축약'이 일어나면 음운의 개수가 줄어들지요.

자, 그럼 다음 말들을 발음할 때 일어나는 음운 변동과 그에 따른 전체 음운의 개수 변화에 대해 말해 볼까요?

㉠ 겹꽃잎　㉡ 넓둥글다　㉢ 반짇고리
㉣ 입학식　㉤ 집집이

학생 : ______________________________

① ㉠을 발음할 때는 교체 세 번과 첨가 한 번이 일어나므로 전체 음운의 개수가 하나 늘어납니다.
② ㉡을 발음할 때는 탈락과 교체가 각각 한 번씩 일어나므로 전체 음운의 개수가 하나 줄어듭니다.
③ ㉢을 발음할 때는 교체만 한 번 일어나므로 전체 음운의 개수에 변화가 없습니다.
④ ㉣을 발음할 때는 축약과 교체가 각각 한 번씩 일어나므로 전체 음운의 개수가 하나 줄어듭니다.
⑤ ㉤을 발음할 때는 첨가와 탈락이 각각 한 번씩 일어나므로 전체 음운의 개수에 변화가 없습니다.

12. <보기>의 탐구 과정에 따라 ㉠~㉣을 분류하고자 한다. A~C에 해당하는 단어를 바르게 짝지은 것은?

< 보 기 >

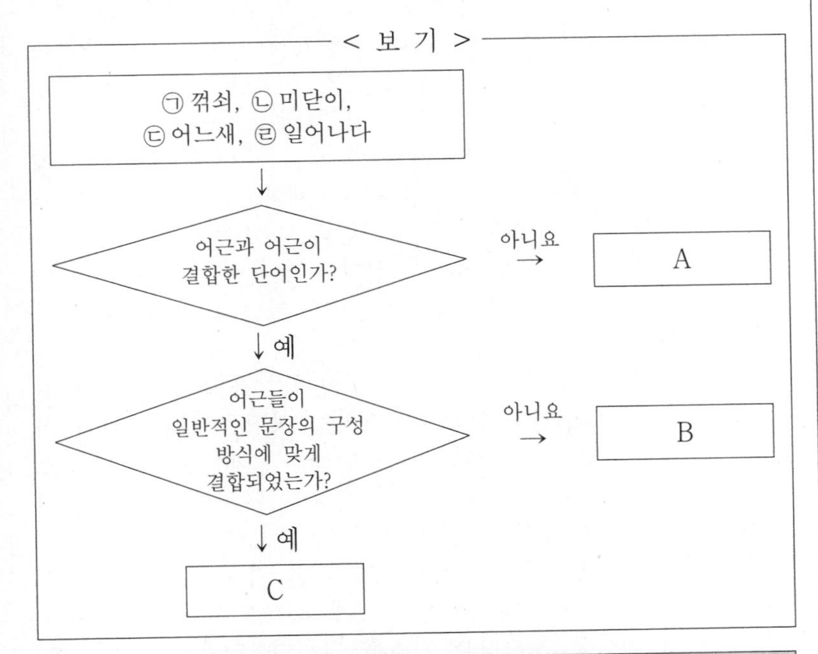

	A	B	C
①	㉠	㉡	㉢, ㉣
②	㉠	㉡, ㉢	㉣
③	㉡	㉠	㉢, ㉣
④	㉡	㉠, ㉣	㉢
⑤	㉡	㉢	㉠, ㉣

13. <보기>는 한글 맞춤법 규정을 정리한 것이다. <보기>를 적용한 내용으로 적절하지 않은 것은?

< 보 기 >

제19항 어간에 '-이'가 붙어서 명사로 된 것과 '-이'나 '-히-'가 붙어서 부사로 된 것은 그 어간의 원형을 밝히어 적는다. 예 깊이, 익히 ……………… ㉠

제20항 명사 뒤에 '-이'가 붙어서 된 말은 그 명사의 원형을 밝히어 적는다. 예 바둑이 …………………… ㉡

제22항 용언의 어간에 접미사 '-기-, -리-, -이-, -히-'가 붙어서 이루어진 말들은 그 어간을 밝히어 적는다. 예 낚이다, 넓히다 ……… ㉢

제25항 '-하다'가 붙는 어근에 '-히'나 '-이'가 붙어서 부사가 되거나 부사에 '-이'가 붙어서 뜻을 더하는 경우에는 그 어근이나 부사의 원형을 밝히어 적는다. 예 급히, 깨끗이, 더욱이 …………………………………… ㉣

① '꾸준히 준비하다.'의 '꾸준히'는 ㉠의 '익히'를 표기할 때 적용된 규정을 따른 것이군.
② '낱낱이 훑다.'의 '낱낱이'는 ㉡의 '바둑이'를 표기할 때 적용된 규정을 따른 것이군.
③ '눈이 쌓이다'의 '쌓이다'는 ㉢의 '낚이다'를 표기할 때 적용된 규정을 따른 것이군.
④ '어렴풋이 잠이 들다.'의 '어렴풋이'는 ㉣의 '깨끗이'를 표기할 때 적용된 규정을 따른 것이군.
⑤ '콧날이 오뚝이 도드라졌다.'의 '오뚝이'는 ㉣의 '더욱이'를 표기할 때 적용된 규정을 따른 것이군.

[14 ~ 15] 다음 글을 읽고 물음에 답하시오.

주어가 다른 주체에게 동작이나 행위를 당함을 표현하는 것을 피동 표현이라 한다. 현대 국어의 피동 표현은 능동을 나타내는 동사에 피동 접미사 '-이-', '-히-', '-리-', '-기-'를 결합하여 나타내거나 통사적 피동 '-아/-어지다', '~게 되다' 등을 활용하여 나타낸다.

현대 국어에서 대부분의 피동 표현은 능동 표현으로 바꿀 수 있다. 하지만 피동 표현을 능동 표현으로 바꾸면 어색한 경우도 존재한다. 그 예로 '태풍으로 전기가 끊기다.'를 들 수 있다. 이 문장을 능동 표현으로 바꾼 '태풍이 전기를 끊었다.'는 의인화된 표현이 아니라고 한다면 어색한 문장이다. 피동 표현의 부사어에 쓰인 체언이 주체적인 의지나 의도를 가지고 행위를 할 수 없는 경우이기 때문이다.

한편 중세 국어의 피동 표현은 피동 접미사 '-히-', '-기-', '-이-'가 붙어 만들어졌다. 중세 국어의 피동 접미사는 어근 끝소리의 음성적인 환경에 따라서 구분되어 나타나는 변이(變異) 형태가 쓰였다. 즉 '-히-'는 /ㄱ, ㄷ, ㅂ, ㅈ/처럼, 거센소리 짝이 있는 예사소리로 끝나는 능동사의 어근에 붙었고, '-기-'는 /ㅁ/으로 끝나는 능동사의 어근에 붙었다. 그리고 '-이-'는 '-히-'나 '-기-'가 쓰이는 음성적 환경을 제외한 나머지 환경에서 쓰였다. '닫다'에 '-히-'가 붙은 '다티다', '담다'에 '-기-'가 붙은 '담기다', '둪다(덮다)'에 '-이-'가 붙은 '두피다' 등이 그 예이다. 그런데 피동 접미사 '-이-'의 앞 자음이 /ㄹ/이면 연철될 수 있는 환경일지라도 연철이 되지는 않았다.

현대 국어에서처럼 중세 국어에서도 통사적 피동이 사용되었는데, 이를 나타내기 위해 보조적 연결 어미 '-아/-어'와 보조 동사 '디다'가 결합한 '-아/-어+디다'를 활용하였다. 예를 들어 '붓아디다(부서지다)'는 'ᄇᆞᇫ다'의 어간에 '-아+디다'가 결합한 피동 표현이다. 그러나 이러한 통사적 피동은 현대 국어에 비해 드물게 나타났다.

14. <보기>에서 [A]에 들어갈 예를 모두 골라 묶은 것은?

< 보 기 >

[탐구 활동] a~d에 제시된 피동 표현을 능동 표현으로 바꿀 때, 어색한 문장을 찾아보자.

a. 문이 바람에 열렸다.
b. 보물이 땅에 묻혔다.
c. 지진으로 길이 막혔다.
d. 동생이 나에게 안겼다.

[탐구 결과] [A]를 능동 표현으로 바꾼 문장은 의인화된 표현이 아니라고 한다면 어색한 문장이 된다.
[이유] 피동 표현의 부사어에 쓰인 체언이 주체적인 의지나 의도를 가지고 행위를 할 수 없는 경우에 해당하기 때문이다.

① a, c ② a, d ③ b, d
④ a, b, c ⑤ b, c, d

국어 영역

15. <보기>의 ⓐ~ⓓ를 통해 중세 국어의 피동 표현을 탐구한 결과로 적절하지 <u>않은</u> 것은? [3점]

< 보 기 >

- 므리 솟글허 ⓐ <u>ᄉᆞᆱ기더니</u>(ᄉᆞᆱ-+-기-+-더-+-니)
  [물이 (끓어) 솟아 삶기더니]
- 獄門이 절로 ⓑ <u>열이고</u>(열-+-이-+-고)
  [옥문이 저절로 열리고]
- 뫼히여 돌히여 다 ⓒ <u>노가디여</u>(녹-+-아+디-+-여)
  [산이며 돌이며 다 녹아지어]
- 香ᄋᆞᆯ ⓓ <u>무틴</u>(묻-+-히-+-ㄴ) 사ᄅᆞᄆᆡ 모매
  [향을 묻힌 사람의 몸에]

① ⓐ는 능동사의 어근이 /ㅁ/으로 끝나고 있기 때문에 피동 접미사 '-기-'가 결합된 것이군.
② ⓑ에 '-이-'가 결합된 것은 능동사의 어근 끝소리가 '-히-'나 '-기-'가 쓰일 수 있는 음성적 환경에 해당하지 않기 때문이겠군.
③ ⓓ는 능동사의 어근 끝소리 /ㄷ/이 거센소리 /ㅌ/을 짝으로 가진 예사소리이기 때문에 피동 접미사 '-히-'가 결합된 것이군.
④ ⓑ는 ⓐ와 달리 능동사 어근의 뒤에 결합된 접사의 첫소리로 인해 능동사의 어근 끝소리가 연철되지 않은 것이군.
⑤ ⓒ는 ⓐ, ⓑ, ⓓ와 달리 보조적 연결 어미 '-아'와 보조 동사 '디다'가 결합된 통사적 형태를 통해 피동 표현이 결합되었군.

[16~19] 다음 글을 읽고 물음에 답하시오.

미국의 언어학자 [퍼스]는 하나의 기호 체계가 성립하려면 개별 주체의 해석이 필요하다고 보았다. 즉 하나의 기호는 표상체와, 표상체가 지시하는 대상, 표상체에 대한 해석체로 구성되며, 이들이 맺는 삼원적 관계에 의해 의미가 형성된다고 생각했다. 특히 표상체와, 표상체가 지시하는 대상이 어떻게 연결되느냐에 따라 기호를 개념적으로 구분하여 도상(icon), 상징(symbol), 지표(index)로 나누었다.

우선 도상은 지시 대상과의 유사성에 기초하고 있는 기호이다. 즉, 기호의 질적 속성과 대상의 질적 속성 사이에 어떤 유사성이 발견될 때 그 기호를 도상이라 한다. 이때 유사성이란 형태적 유사성일 수도 있고, 관례적 해석이 전제되는 관계적 유사성일 수도 있다. 이에 따르면, 대상의 형태를 유사하게 재현하는 그림은 도상이 된다. 예를 들어 셰익스피어의 초상화는 그 대상인 셰익스피어와 닮았기 때문에 도상이다. 그리고 도상은 현존하는 지시 대상이나 해석체가 없어도 기호로 성립할 수 있다. 예를 들어 종이에 연필로 그린 점(點)도 도상이다. '점'이라는 기하학적 개념은 실제로는 존재하지 않지만 종이 위에 연필로 그린 점은 '점'과의 유사성에 기초하여 재현된 것이기 때문이다.

심지어 퍼스는 은유도 경우에 따라서 도상이 될 수 있다고 보았다. 은유에서 관계적 유사성이 지각될 수도 있기 때문이다. 예를 들어 '내 마음은 호수다.'라는 은유는 관념들의 관계적 유사성을 표상한 도상이다. '내 마음은'과 '호수다'라는 두 관념을 관련시키는 제3의 관념, 즉 '내 마음이 호수처럼 고요하다.'라는 해석을 통해 관계적 유사성이 표상되므로 은유는 도상이라 할 수 있다. 다만 은유가 도상으로 간주될 수 있다고 하더라도 ㉠ <u>모든 은유가 도상이 되는 것은 아니다.</u>

한편 퍼스에 의하면 상징은 관습적 약속에 의해 만들어진 기호이다. 언어 기호와 지시 대상 사이에는 어떤 연관성이나 유사성이 없이 자의적 관계가 형성되며, 단지 사회문화적 약속만이 상징이 지니는 의미의 원천이 된다. 모든 언어 기호는 전형적인 상징에 속한다. 화판에 그려져 있는 소나무는 소나무의 도상이고, '소나무'라고 표현하는 언어 기호는 소나무에 대한 상징이다. 그 이유는 '소나무'라는 낱말을 발화할 때, 표현된 언어 기호와 실제 소나무 사이에 어떤 유사성도 없고, 그 낱말에는 어떤 내재적이고 필연적인 소나무다운 속성이 없기 때문이다. 소리로서의 소나무와 개념으로서의 소나무 사이의 관계는 관행의 산물이다. 한편 상징의 표상체와 지시 대상 간의 관계는 전적으로 해석체에 의해 구성된다. 퍼스는 상징은 해석되지 않는다면 기호로 성립할 수 없다고 보았다. 해석체는 이미 공동체 내에서 통용되고 있는 법칙이나 관습에 의지하여 상징을 해석한다.

도상, 상징, 지표의 삼분법에서 대상과의 유사성에 기초하는 도상이나, 대상과 관습적으로 연관되는 상징은 사람들에게 비교적 익숙한 종류의 기호다. 이에 반해 그 대상과의 인접성으로 인해 기호가 되는 지표의 의미 작용에 대해서는 퍼스 이전에는 언급되지 않았다. 퍼스에 따르면, 지표는 도상이나 상징과 달리 지시 대상이 존재하지 않는다면 기호로 성립하지 않는다. 지표는 물리적 연속성이나 실제적 관계맺음, 인과관계를 통해 지시 대상을 지시하는 기호를 말한다. 지표는 지시 대상에 의해 실제로 영향을 받는 기호일 수 있으며 지시 대상과 제3의 요소를 실제적으로 연결시켜 주는 기능을 할 수도 있다. 지표는 전체의 일부로서 특수하고 구체적인 속성을 갖는다. 이러한 이유로 수사학적 개념에서 본다면 지표는 환유의 속성을 갖는다고 할 수도 있다. 예를 들어 해변에 남겨진 사람의 발자국을 생각해 볼 수 있다. 그 발자국이 누구의 것인지 금방 밝혀내기는 어렵지만, 어떤 사람이 해변을 걸었다는 실제 사건과 발자국을 연관시킬 수 있다. 발자국은 해변을 걸은 사람이 과거에 현존했음을 지시한다는 점에서 지표이다. 그리고 지표는 해석체를 요구하지 않는다. 발자국은 누군가가 해석하지 않더라도 그 자체로 지표다.

이와 같이 지표는 한편으로는 개별적인 대상과, 다른 한편으로는 그 기호를 사용하는 사람의 감각 혹은 기억과 역동적으로 연관되어 있다. 이러한 기호의 범주에 들어가는 것은 무엇이든 지표이다. 가령 '이것', '저것' 같은 지시 대명사는 어떤 사람의 주의를 지시 대상에 실제적으로 연결시켜 준다는 점에서 지표다. 지시 대명사가 지시하는 대상은 '장미', '책'이 지시하는 일반적인 개념과 달리 구체적이고 개별적인 대상이다.

퍼스에 따르면 어떤 기호를 도상으로만 파악하거나 상징 또는 지표로만 파악하는 것은 기호를 파편적으로 이해하는 것에 불과하다. 바꿔 말해 기호의 어떤 측면에 대해 기술하느냐에 따라 동일한 기호는 도상이나 상징, 혹은 지표가 될 수 있다.

16. 윗글을 근거로 할 때, 제시된 내용에 대해 바르게 판단한 것은?

	내용	판단
①	지표는 도상과 달리 해석체를 요구하지 않는 기호에 해당한다.	그렇지 않다.
②	의미 작용과 관련하여 지표와 상징은 퍼스 이전에는 언급된 바 없었다.	그렇다.
③	퍼스에 따르면 '내 마음은 호수다.'라는 은유는 도상으로 간주될 수 있다.	그렇지 않다.
④	수사학적 개념에서 본다면 상징은 지표와 달리 환유의 속성이 있다고 할 수 있다.	그렇다.
⑤	기호의 개념적 구분인 '도상', '상징', '지표'는 항상 상호 배타적인 특성을 지닌다.	그렇다.

17. 윗글을 읽고 <보기>의 ㄱ~ㄷ과 관련해 보인 반응으로 적절하지 않은 것은?

< 보 기 >

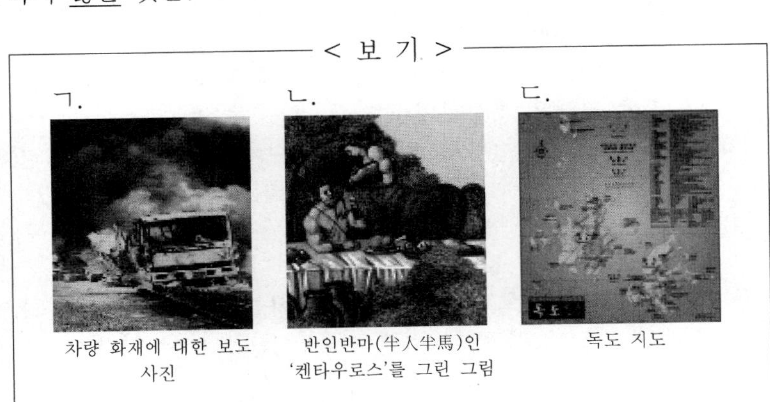
ㄱ. 차량 화재에 대한 보도 사진

ㄴ. 반인반마(半人半馬)인 '켄타우로스'를 그린 그림

ㄷ. 독도 지도

	대상	관점	반응
①	ㄱ의 '연기'	화재가 발생한 사건과 인과관계를 통해 연관시킬 수 있다.	'연기'는 화재 사건 발생을 지시하는 지표로 이해될 수 있겠군.
②	ㄱ의 '차량'	보도 사진을 접하는 사람들의 주의를 '연기'에 실제적으로 연결시켜 준다.	'차량'은 연기 발생에 대한 상징으로 이해될 수 있겠군.
③	ㄴ의 '켄타우로스'	'켄타우로스'는 사회 문화적 약속에 의해 '저열한 본성'으로 해석된다.	'켄타우로스'는 상징으로 이해될 수 있겠군.
④	ㄴ의 '켄타우로스'	실제로 존재하지 않는 대상을 종이에 재현한 그림으로 볼 수 있다.	'켄타우로스'를 재현한 도상으로 이해될 수 있겠군.
⑤	ㄷ의 '독도'	우리나라에 존재하는 곳으로서 실제 대상과 형태적 유사성이 있다.	지도 속의 '독도'는 도상으로 이해될 수 있겠군.

18. ㉠의 이유에 대한 추론으로 가장 적절한 것은?

① 은유는 대상의 형태를 유사하게 재현하며 관습적인 의미를 표상하기 때문이다.
② 은유의 관례적 해석이 전제되는 경우에만 관계적 유사성을 파악해 낼 수 있기 때문이다.
③ 은유는 기호와 지시 대상 사이에 어떠한 유사성도 찾아볼 수 없는 특징을 지니기 때문이다.
④ 은유는 실제로 존재하지 않는 관념을 현존하는 대상처럼 표현하는 것을 전제하기 때문이다.
⑤ 은유에서 기호의 질적 속성과 대상의 질적 속성 사이의 형태적 유사성을 추론할 수 없기 때문이다.

19. 윗글의 퍼스와 <보기>의 소쉬르에 대해 이해한 내용으로 적절하지 않은 것은? [3점]

< 보 기 >

소쉬르는 언어 기호가 그 표현 방식인 '시니피앙'과, 그것을 통하여 사고되는 내용으로서의 '시니피에'로 이루어진다고 하였다. 시니피앙은 청각 영상을, 시니피에는 시니피앙이 지시하는 의미로서의 개념을 의미한다. 소쉬르는 언어 기호를 설명하며 시니피앙과 시니피에의 관계를 의미 작용으로 보고, 일반적인 언어 기호에서는 시니피앙과 시니피에의 관계가 확정적이며 명시적인 것으로 보았다. 한편 소쉬르는 상징 역시 시니피앙과 시니피에의 관계를 통해 설명하는데, 상징은 하나의 시니피앙에 해당되는 명시적인 시니피에 이외에 또 다른 의미를 함축하므로 확정적이지 않은 것으로 보았다. 다만 함축적 의미를 해석하기 위한 별도의 개념을 설정하지는 않았다.

① 소쉬르와 달리 퍼스는 '해석체'라는 개념을 통해 상징을 해석하였다.
② 소쉬르와 달리 퍼스는 모든 언어 기호가 전형적인 상징에 속한다고 보았다.
③ 퍼스와 달리 소쉬르는 시니피앙과 시니피에의 관계를 통해 상징을 설명하였다.
④ 퍼스는 상징이 관행적인 특성이 있다고 여겼고, 소쉬르는 상징이 비확정적인 특성이 있다고 여겼다.
⑤ 퍼스는 하나의 표상체에 하나의 지시 대상이 존재하는 것만을 상징으로 여겼고, 소쉬르는 하나의 시니피앙에 해당되는 시니피에가 다수인 것을 상징으로 여겼다.

[20~24] 다음 글을 읽고 물음에 답하시오.

펀드는 불특정한 다수의 투자자로부터 모집한 자금을 투자 업무에 정통한 전문 인력이 위임받아 투자를 진행하고 이로부터 생긴 이익을 출자금에 비례해 투자자에게 분배하는 구조의 금융 상품이다. 펀드를 상품으로 설정하는 것은 자산 운용사이다. 자산 운용사는 펀드의 약관을 만들고 당국으로부터 승인을 취득한다. 이때 투자자로부터 자금을 모집하는 일, 다시 말해 펀드 상품을 판매하는 일은 자산 운용사가 직접 담당하기도 하지만, 은행이나 증권사, 보험사가 대행하기도 한다. 펀드의 투자금, 이익 분배금 등 펀드와 관련된 모든 자금은 투자자의 안전을 위해 자산 운용사와 신탁 계약을 맺은 수탁 은행이 수행한다. 판매 대행사로부터 수탁 은행에 투자금이 입금되고, 수탁 은행이 이익 분배금을 투자자에게 환원하는 것이다. 그렇다고 수탁 은행이 자금을 어떻게 운용할 것인지 의사 결정까지 ⓐ내리는 것은 아니다. 자금과 관련된 의사 결정은 자산 운용사의 몫이다.

펀드에 여러 종류의 금융 기관이 관련되어 있기 때문에 복잡해 보이지만 투자자 입장에서 펀드를 사고파는 일은 간단하다. 펀드에 가입하고 싶은 투자자는 자산 운용사나 판매 대행사에 찾아가 상품을 주문하면 된다. 이때 투자자는 매매 기준 가격으로 거래를 하게 되는데, 매매 기준 가격은 펀드 투자자의 신규 모집과 기존 투자자의 해약이 이루어지는 가격으로, 펀드의 순자산 가치, 즉 현재의 시장 가치를 의미한다. 이것은 하루에 한 번, 증시가 마감되는 시간인 오후 3시 직후에 결정된다. 매매 기준 가격으로 펀드를 산 투자자는 펀드의 출자자가 되고, 펀드를 통해 간접적으로 주식과 채권에 투자하게 되는데, 이 때문에 펀드를 간접 투자 상품이라고 부른다.

그러면 투자자는 왜 직접 투자를 하지 않고 간접 투자를 하는 것일까? 무엇보다 펀드에 가입하면 분산 투자의 효과를 거둘 수 있기 때문이다. 펀드는 소액 자금을 끌어모아 운용 자산의 규모를 키운 후 이를 다양한 종목에 분산 투자해 위험률을 축소하는 것이 가능하다. 게다가 금융에 대한 지식과 경험이 풍부한 전문 인력이 자산 운용을 담당하므로 위험률과 수익률을 종합적으로 고려하여 자산을 배분할 수 있으므로 분산 투자의 효과는 더욱 크다. 또한 운용 자산의 규모가 크므로 거래에 있어 협상력을 가지게 되어 개인 투자자가 소액 거래를 직접 하는 것에 비해 거래 비용을 절감할 수 있다.

분산 투자의 원칙 중 가장 중요한 것은 업종 간 분산을 하는 것이다. 업종별로 경기 변동의 영향을 다르게 받기 때문이다. 같은 업종에 투자하는 경우에는 여러 기업에 분산하는데, 사업 위험이나 채무 불이행의 가능성 측면에서 상관관계가 낮은 기업을 조합하여 펀드를 구성한다. 주식, 채권 등 자산 범주별로 분산 투자를 할 수도 있다. 예를 들어 가격 변동이 상대적으로 높은 주식 자산과 상대적으로 낮은 채권 자산을 결합하여 위험률을 낮출 수 있다. 그리고 가격은 물량과 관계가 크기 때문에 자산 운용사는 시간 간격을 두고 거래 물량을 분할해서 사거나 팔아 위험을 분산한다.

분산 투자의 원리는 흔히 '계란을 한 바구니에 담지 마라.'라는 말로 설명할 수 있다. 계란이 20개가 있고 이 계란을 바구니에 담아 깨뜨리지 않고 옮겨야 한다고 해 보자. 바구니를 떨어뜨릴 확률과 떨어뜨리지 않을 확률은 1/2로 같으며, 바구니를 떨어뜨리면 계란은 모두 깨진다. 먼저 20개의 계란을 한 바구니에 담아 옮긴다고 해 보자. 바구니를 떨어뜨릴 확률과 떨어뜨리지 않을 확률이 모두 1/2이므로 우리는 계란이 10개(1/2×0개+1/2×20개)가 깨지고 10개가 깨지지 않을 것이라고 기대할 수 있다. 이제 20개의 계란을 10개씩 두 바구니에 담아 옮긴다고 해 보자. 두 바구니 중 한 바구니도 떨어뜨리지 않을 확률은 1/2×1/2=1/4이고, 두 바구니 중 한 바구니만 떨어뜨릴 확률은 1/2×1/2×2=2/4, 두 바구니를 모두 떨어뜨릴 확률은 1/2×1/2=1/4이다. 그러므로 20개의 계란을 두 바구니로 나누어 담아 옮길 때 우리는 계란이 10개(1/4×0개+2/4×10개+1/4×20개)가 깨지고 10개 깨지지 않을 것이라고 기대할 수 있다. 결국 20개의 계란을 한 바구니에 담아 옮길 때와 두 바구니에 담아 옮길 때 기대 수익률은 같다. 그러나 계란을 한 바구니로 담아 옮겼을 때 계란이 모두 깨질 확률은 계란을 두 바구니로 담아 옮겼을 때 계란이 모두 깨질 확률보다 크다. 이렇듯 분산 투자는 위험률을 줄여 안정적으로 기대 수익률을 달성하는 데 목적이 있다고 할 수 있다.

안정적으로 기대 수익률을 달성하고자 한다는 점에서 펀드는 종류에 따른 차이가 크지는 않다. 일반적으로 펀드는 주식형 펀드와 채권형 펀드로 구분할 수 있는데, 주식이 일부라도 포함되어 있으면 주식형 펀드이다. 같은 기간을 투자할 때 일반적으로 주식형은 수익성이 높고 채권형은 안정성이 높다. 물론 이는 절대적인 것이 아니다. ㉠ <u>장기로 운용되는 채권형 펀드는 단기로 운용되는 주식형 펀드에 비해 위험률이 높아 기대 수익률도 높다</u>. 신용도가 낮고 채무 불이행 위험이 높은 채권에 투자하는 채권형 펀드 역시 그렇다. 이 때문에 투자자는 투자에 앞서 펀드가 어떻게 설계되었는지를 꼼꼼하게 살펴볼 필요가 있는 것이다.

20. 윗글의 내용과 일치하지 <u>않는</u> 것은?

① 펀드의 순자산 가치는 펀드 모집 시에 펀드 투자자들이 투자한 금액의 총액이다.
② 자산 운용사는 시간 간격을 두고 거래 물량을 분할해서 사거나 팔아 위험을 분산하려 한다.
③ 펀드의 매매 기준 가격은 펀드 투자자의 신규 모집과 기존 투자자의 해약이 이루어지는 가격이다.
④ 분산 투자에서는 사업 위험이나 채무 불이행의 가능성 측면에서 상관관계가 낮은 기업을 조합한다.
⑤ 운용 자산의 규모가 큰 자산 운용사는 개인 투자자가 소액 거래를 하는 것에 비해 거래 비용을 절감할 수 있다.

21. ㉠의 이유로 가장 적절한 것은?

① 장기 운용 채권은 가격 변동률이 낮아 안정성이 높기 때문에
② 장기 운용 채권은 단기 운용 주식에 비해 거래가 원활하기 때문에
③ 채권은 수익률과 위험률의 관계를 제대로 파악하기 어렵기 때문에
④ 장기간 운용할수록 해당 기간에 경기 변동이 발생할 가능성이 높아지기 때문에
⑤ 경기가 하강할 때는 채무 불이행 위험이 높은 단기 운용 주식이 많아지기 때문에

22. 다음은 펀드의 운용 과정을 나타낸 것이다. 윗글을 바탕으로 다음의 [A]~[E]에 대해 설명한 내용으로 적절하지 <u>않은</u> 것은?

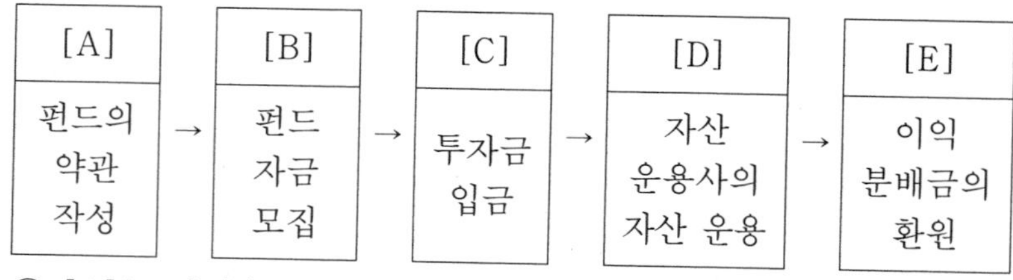

① [A]는 자산운용사에 의해 이루어지며 그 결과는 당국의 승인을 필요로 한다.
② [B]는 펀드 상품의 판매를 통해 이루어지며 보험사를 통해서도 자금 모집이 이루어질 수 있다.
③ [C]는 수탁은행이 투자금에 대한 자금 운용 계획을 결정한 뒤 자산 운용사에 투자금을 전달함으로써 이루어진다.
④ [D]는 금융에 대한 지식과 경험이 풍부한 전문 인력에 의해 위험과 수익률을 고려해 이루어진다.
⑤ [E]는 펀드 상품에 가입한 투자자들에게 이익을 돌려주는 것으로, 수탁 은행을 통해 이루어진다.

23. 윗글을 바탕으로 <보기1>을 <보기2>와 같이 분석하였을 때 <보기2>의 ㉮~㉱에 들어갈 말로 가장 적절한 것은? [3점]

< 보 기 1 >

A 회사, B 회사는 모두 화장품 제조업체인 주식회사이다. A 회사, B 회사에 대한 주식 투자로 투자금의 200%의 수익(이익금)을 거둘 확률이 각각 1/2이고, 원금을 모두 잃을 확률이 각각 1/2이다. 김 씨는 1,000만 원을 A 회사의 주식에 투자하였다. 한편, 이 씨는 1,000만 원을 갑 펀드에 투자하였다. 갑 펀드는 투자금 전체의 1/2을 A 회사의 주식에, 1/2을 B 회사의 주식에 투자하는 상품이다.

< 보 기 2 >

김 씨의 기대 수익은 (㉮)이고, 이 씨의 기대 수익은 (㉯)이다. 김 씨가 원금을 모두 잃을 확률은 (㉰)이고, 이 씨가 원금을 모두 잃을 확률은 (㉱)이다.

	㉮	㉯	㉰	㉱
①	500만 원	500만 원	1/2	1/2
②	500만 원	500만 원	1/2	1/4
③	1,000만 원	500만 원	1/2	1/4
④	500만 원	1,000만 원	1/4	1/2
⑤	500만 원	1,000만 원	1/4	1/4

24. 문맥상 의미가 ⓐ와 가장 가까운 것은?

① 어둠이 내리자 그녀는 마침내 울어 버렸다.
② 우리는 서울역에 내려 전철을 타고 집에 갔다.
③ 정부는 위법 행위를 한 단체에 경고 조치를 내렸다.
④ 형사는 그 친구가 물건을 훔쳤을 것이라고 단정을 내렸다.
⑤ 일꾼들은 짐을 앞마당에 내리고 잠시 땀을 식히고 있었다.

[25 ~ 30] 다음 글을 읽고 물음에 답하시오.

국제 관계와 관련한 현실주의 이론은 2차 세계 대전 이후 지금까지 국제 정치학을 지배해 왔다. 1세대 현실주의 이론은 1940년대 후반부터 1970년대 초반까지 국제 정치학 연구의 중심이었던 한스 모겐소의 '㉠고전적 현실주의'이다. 이 이론은 국가가, 태생적으로 권력 의지를 가진 인간에 의해 지배된다고 가정하여 '인간 본능 현실주의'로 불리기도 하였다. 고전적 현실주의에서는 국가를, 권력에 대한 인간의 무한한 욕망을 바탕으로 상대국을 공격할 기회를 끊임없이 추구하는 존재라고 보았다. 그래서 국제 정치 구조가 자국의 이익을 위한 각국의 경쟁을 통제할 상위 기구가 ⓐ없는 무정부 상태라는 점에 동의하면서도, 이는 국가 행동의 부차적 요인이라고 간주했다.

하지만 1970년대 들어 고전적 현실주의가 국제 정치 현상을 분석하는 데 한계를 드러내자, 1970년대 후반 케네스 월츠의 ㉡신현실주의가 2세대 현실주의 이론으로 등장했다. 월츠는 강대국의 공격적 행동은 본능에 의한 것이 아니라 국제 정치 구조의 산물이라고 보았다. 그는 무정부 상태와도 같은 국제 정치 구조에서는 국가 안보를 위해 국가 간 경쟁이 불가피하며, 강대국들은 경쟁 과정에서 세력 균형의 유지를 위해 방어적 행동을 한다고 주장했는데, 이로 인해 그의 이론을 '방어적 현실주의'로 부르기도 한다.

3세대 현실주의 이론은 미어셰이머가 주장한 '㉢공격적 현실주의'이다. 이 이론 역시 국가 행동의 원인을 국제 정치 구조에서 찾는다. 하지만 공격적 현실주의는 국가가 세력 균형의 유지에 만족하지 않고, 자신들이 가질 수 있는 최대의 힘을 추구해 다른 국가를 완전히 압도하기를 원한다고 분석했다. 무정부 상태의 위험한 국제 정치 구조에서 국가는 권력을 위해 끊임없이 경쟁해야 하며, 상대국의 적대적 의도를 판별하기 어려운 국제 정치의 특성으로 인해 국가는 막강한 힘을 보유하기 위해 지속적으로 노력한다는 것이다.

실제로 강대국들은 독보적 패권국일지라도 기술 개발을 통해 상대국을 압도하는 힘을 확보하기 위해 끊임없이 노력하고 있다. 이러한 대표적인 예가 다른 국가의 방공망을 무력화하고 공격의 효과를 극대화하는 스텔스 기술이다. 원래 스텔스 기술은 항공기나 함정에서 발생하는 전파, 적외선, 음향을 줄여 레이더를 비롯한 다양한 센서에 탐지되는 것을 어렵게 하는 기술을 총칭한다. 하지만 협의의 스텔스 기술은 레이더 탐지를 피하는 것을 의미한다. 왜냐하면 레이더는 다른 탐지 수단에 비해 원거리 탐지 능력이 ⓑ뛰어나고 공격을 조기에 탐지해 대응하도록 하는 가장 중요한 탐지 수단이기 때문이다.

레이더는 송신기에서 발신된 전파가 목표물에 맞아 반사되는 신호를 수신해 표적을 탐지한다. 레이더의 탐지 거리는 레이더의 전파 출력과 파장, 수신기의 민감도, 표적의 레이더 반사 면적(RCS)과 관련이 있다. 이때 표적 변수로는 항공기의 RCS가 있는데, RCS가 작은 항공기를 설계해 은밀성을 높이는 것이 스텔스 기술의 목적이다. RCS는 항공기의 물리적 크기, 외부 형상, 표면 재질 등에 의해 결정되는데 레이더 전파와 수직을 이루는 항공기 정면의 RCS를 ⓒ줄이는 것이 스텔스 기술의 핵심이다. 항공기의 RCS를 줄이기 위한 기본 원리는 항공기가 전파를 흡수하거나 레이더 수신기와 다른 방향으로 전파를 반사시키는 것이다. 이를 위해 외부 형상에 대한 스텔스 설계와, 전파 흡수 재료(RAM) 사용을 병행한다. 특히 항공기의 공기 흡입구와 일직선으로 배치된 제트 엔진의 회전 블레이드는 전파를 강하게 반사하여 RCS를 크게 증가시키는데, 이 부분에 대한 스텔스 설계가 매우 중요하다. 그래서 최초의 스텔스 항공기는 엔진의 공기 흡입구 앞에 작은 삼각형을 계단식으로 쌓은 그릴을 설치했다. 공기 흡입구로 입사된 전파는 삼각형 빗면에 부딪혀 레이더 수신기와 다른 방향으로 반사되도록 하고, 삼각형의 뾰족한 부분으로 입사된 전파는 삼각형 내부에서, 공기 흡입구 내부로 들어온 전파는 흡입기 내부에서 다중 반사를 일으켜 RAM에 흡수되도록 한 것이다.

하지만 공기 흡입구 앞에 그릴을 설치하면 엔진에 흡입되는 공기의 양이 제한되고, 그릴에 장애물이 들러붙어 엔진 출력이 ⓓ떨어질 수 있다. 그래서 최근 개발된 스텔스 전투기의 공기 흡입구는 그릴을 없애는 대신 더 복잡한 구조를 갖는다. 이 전투기는 ㉣일반적인 전투기와 달리 직선형이 아닌 구부러진 S자 형태의 공기 흡입구로 설계되어, 장거리 탐지 레이더가 사용하는 긴 파장의 전파, 조기 경보기 레이더에 사용하는 중간 파장의 전파, 전투기에서 사용하는 짧은 파장의 전파 모두에 대해 스텔스 성능을 발휘한다. 긴 파장의 전파는 파장이 커 공기 흡입구 안으로 잘 들어가지 못해, 대부분 흡입구 입구에 도포된 RAM에 흡수되고 일부만 반사되는데 이 RAM은 긴 파장의 전파를 잘 흡수하는 속성을 지닌다. 다음으로 중간 파장의 전파는 공기 흡입구를 통과해 엔진 입구까지 진행한다. 엔진의 회전 블레이드 앞에는 이러한 전파를 잘 흡수할 수 있는 RAM이 도포된 차단기가 설치되어 입사된 전파가 다중 반사를 거쳐 감쇄된다. 또 짧은 파장의 전파는 공기 흡입구 내부는 물론 엔진의 회전 블레이드 내부까지 들어오는데, 짧은 파장의 전파를 잘 흡수하는 RAM이 도포된 공기 흡입구 내벽에 다중 반사를 일으켜 감쇄한다. 그리고 엔진에 도달한 전파는 차단기와 회전 블레이드 사이에 도포된 또 다른 RAM에 의해 흡수된다. 결과적으로 아주 적은 에너지의 전파만 외부로 반사된다.

한편 스텔스 항공기에 사용되는 RAM은 전파의 전기 에너지를 열에너지로 변환해 전파를 흡수하는 기능을 한다. RAM은 전파 흡수 재료에 따라 유전체와 자성체로 나눌 수 있는데, 유전체는 탄소 나노 튜브나 흑연 소재를, 자성체는 산화철인 페라이트를 사용한다. 그리고 유전체와 자성체의 혼합 비율을 조절하여 레이더 전파의 파장에 따른 RAM을 제조한다.

이러한 기술을 바탕으로 제작된 스텔스 항공기의 RCS는 새 한 마리의 RCS보다 작은 수준으로, 상대국의 방어 시스템을 무력화하여 새로운 전쟁 양상을 ⓔ <u>가져올</u> 것으로 전망된다. 그래서 스텔스 항공기는 개발, 제작, 유지에 천문학적인 비용이 든다는 단점에도 불구하고 상대국을 압도하는 힘을 추구하는 강대국들에 의해 개발과 보급이 활발히 이루어지고 있다. 그리고 이는 국가가 막강한 힘을 끊임없이 추구한다는 공격적 현실주의 이론을 뒷받침하는 근거로 이해할 수 있다.

25. 윗글을 통해 알 수 있는 내용으로 적절한 것은?

① 최초의 스텔스 항공기에는 외부 형상에 스텔스 형상 설계가 적용되지 않았다.
② 스텔스 기술은 개발 비용이 저렴해 강대국들이 개발을 서두르고 있다.
③ 스텔스 항공기는 입사된 레이더 전파의 외부 반사를 완전히 차단한다.
④ 레이더의 탐지 거리는 항공기 RCS의 크기와 비례하는 특성이 있다.
⑤ 현실주의 이론은 강대국의 행동을 설명할 수 없다는 단점이 있다.

26. ㉠~㉢에 대한 이해로 적절하지 <u>않은</u> 것은?

① ㉠은 ㉡, ㉢과 달리 국가의 권력 지향적 속성이 인간의 본능에 기인한다는 입장이다.
② ㉠은 ㉡과 달리 강대국이 다른 국가를 공격할 기회를 끊임없이 추구한다고 생각한다.
③ ㉡, ㉢은 ㉠과 달리 국가 간 경쟁이 나타나는 이유를 국제 정치 구조에서 찾고 있다.
④ ㉢은 ㉡과 달리 강대국들이 세력 균형의 유지를 위해 힘을 추구한다고 주장한다.
⑤ ㉠, ㉡, ㉢은 모두 국제 정치 구조가 무정부 상태와 같다는 전제를 바탕으로 하고 있다.

27. <보기>를 바탕으로 '현실주의'에 대해 보인 반응으로 가장 적절한 것은?

< 보 기 >

온실가스의 방출을 제한해 지구 온난화를 방지하기 위해 1992년 UN 기후 변화 협약이 체결되었다. 하지만 이 협약은 법적 구속력이나 강제성이 없어, 협약 이후 체결된 교토 의정서를 통해 기후 변화 방지를 위한 구체적 이행 방안이 마련되자 그 성과가 나타나기 시작했다. 그러나 교토 의정서 역시 주요 선진국 37개국만이 대상 국가이고 2020년까지만 유효하다는 한계가 대두되자, 2015년 UN 기후 변화 협약 당사국 총회는 파리 기후 변화 협약을 통해 대상국을 195개국으로 늘리고, 2020년 이후 기후 변화 방지를 위한 보다 실질적인 방안을 구체화하였다.

① 기후 변화 협약에 동참하는 국가가 점점 증가하는 것은 강대국들이 세력 균형을 유지하기 위해 방어적 행동을 취한다는 신현실주의의 입장이 현실화된 것이군.
② 기후 변화와 온난화라는 국제 문제를 해결해 가는 과정을 보니 국가의 행동이 인간의 본능에 의해 결정된다는 고전적 현실주의의 견해가 타당하다는 생각이 드는군.
③ 기후 변화에 대처하는 국제적 협약에 많은 국가가 동참하는 것을 보면 국제 정치 구조를 국가 간의 경쟁 관계로 이해하는 현실주의의 시각이 지나치게 비관적이라는 생각이 드는군.
④ 지구 온난화라는 국제적 문제에 대응하는 과정에서 UN이 주도적 역할을 한다는 것은 국제 정치 구조에서 국가를 통제할 상위 기구가 부재하다는 현실주의의 견해를 뒷받침하는군.
⑤ 교토 의정서의 대상국이 37개국인데 반해 파리 기후 변화 협약의 대상국이 195개국으로 늘어난 것은 국제 정치 구조에서 국가 간 경쟁이 지속된다는 현실주의의 주장과 부합하는군.

28. 윗글을 바탕으로, <보기>를 이해한 내용으로 적절하지 <u>않은</u> 것은? [3점]

< 보 기 >

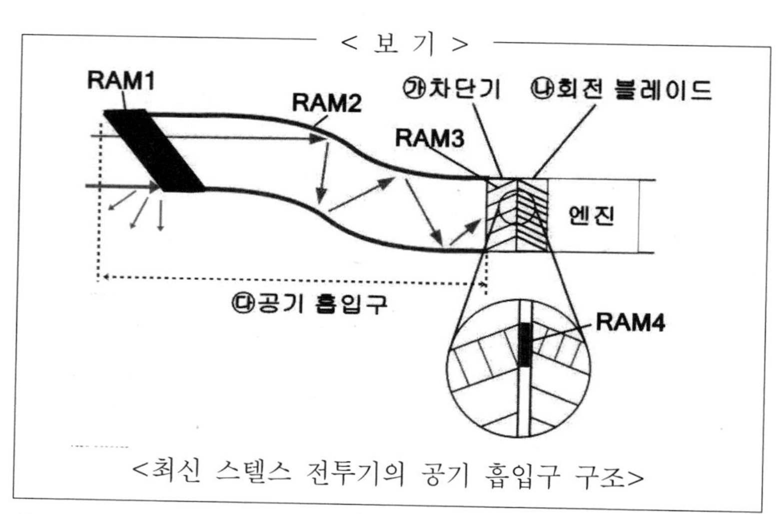

<최신 스텔스 전투기의 공기 흡입구 구조>

① ㉮, ㉰에서는 레이더 전파의 다중 반사를 통해 레이더 전파의 에너지가 열에너지로 전환되는 현상이 나타난다.
② 장거리 탐지 레이더의 전파는 ㉯에 도달하지 못하고 RAM1에 의해 흡수되거나 반사된다.
③ RAM3를 도포하지 않으면 조기 경보기 레이더의 전파가 ㉰를 통해 외부로 반사된다.
④ RAM2와 RAM4는 짧은 파장의 전파가 ㉰를 통과하여 ㉯에 반사되는 것을 억제한다.
⑤ ㉰의 형상만 유지한 채 RAM1~4를 도포하지 않을 경우 모든 파장의 전파가 ㉯에 반사되어 RCS가 크게 증가한다.

29. ㉣의 이유로 가장 적절한 것은?

① 반사되는 레이더 전파를 레이더 수신기와 다른 방향으로 반사시키기 위해서
② 다양한 파장의 레이더 전파를 공기 흡입구로 집중시켜 흡수하기 위해서
③ 회전 블레이드에서 반사되는 레이더 전파의 방향을 전환하기 위해서
④ 다양한 파장의 레이더 전파가 반사되는 양을 감소시키기 위해서
⑤ 전투기에서 반사되는 레이더 전파의 파장을 조절하기 위해서

30. 문맥상 ⓐ~ⓔ와 바꿔 쓰기에 적절하지 않은 것은?

① ⓐ: 부재(不在)한
② ⓑ: 우수(優秀)하고
③ ⓒ: 감소(減少)시키는
④ ⓓ: 저하(低下)될
⑤ ⓔ: 도출(導出)할

[31 ~ 34] 다음 글을 읽고 물음에 답하시오.

(가)

목숨이란 마치 **깨어진 뱃조각**
여기저기 흩어져 마음이 **구죽죽한 어촌**보담 어설프고
삶의 티끌만 ㉠오래 묵은 포범(布帆)*처럼 달아매었다

남들은 기뻤다는 젊은 날이었건만
밤마다 내 꿈은 ㉡서해를 밀항하는 쩡크*와 같아
소금에 절고 조수(潮水)에 부풀어 올랐다

항상 흐릿한 밤 암초를 벗어나면 태풍과 싸워 가고
전설에 읽어 본 산호도(珊瑚島)는 구경도 못 하는
그곳은 ㉢남십자성(南十字星)이 비춰 주도 않았다

쫓기는 마음 지친 몸이길래
㉣그리운 지평선을 한숨에 기오르면
㉤시궁치*는 열대 식물처럼 발목을 오여 쌌다

새벽 밀물에 밀려온 거미이냐
다 삭아빠진 소라 껍질에 나는 **붙어 왔다**
머―ㄴ 항구의 노정(路程)에 흘러간 생활을 들여다보며

– 이육사, 「노정기(路程記)」 –

* 포범: 베로 만든 돛.
* 쩡크: 화물 운송용 선박.
* 시궁치: 더러운 물이 잘 빠지지 않고 썩어서 질척질척한 도랑창.

(나)

[A]
어물전 **개조개 한 마리**가 움막 같은 몸 바깥으로 맨발을 내밀어 보이고 있다.
죽은 부처가 슬피 우는 제자를 위해 관 밖으로 잠깐 발을 내밀어 보이듯이 맨발을 내밀어 보이고 있다
펄과 물 속에 오래 담겨 있어 **부르튼 맨발**
내가 조문하듯 그 맨발을 건드리자 개조개는
최초의 궁리인 듯 가장 오래하는 궁리인 듯 천천히 발을 거두어 갔다.

[B]
저 속도로 시간도 길도 흘러 왔을 것이다.
누군가를 만나러 가고 또 헤어져서는 저렇게 천천히 돌아왔을 것이다.
늘 맨발이었을 것이다.
사랑을 잃고서 새가 부리를 가슴에 묻고
밤을 견디 듯이 맨발을 가슴에 묻고 슬픔을 견디었으리라.
아 ― 하고 집이 울 때
부르튼 맨발로 양식을 탁발하러 거리로 나왔을 것이다.
맨발로 하루 종일 길거리에 나섰다가
가난의 냄새가 벌벌벌벌 풍기는 **움막 같은 집으로 돌아오면**
아 ― 하고 울던 것들이 배를 채워
저렇게 캄캄하게 **울음**도 멎었으리.

– 문태준, 「맨발」 –

31. (가), (나)에 대한 설명으로 가장 적절한 것은?

① (가)는 (나)와 달리 색채의 대비를 통해 화자의 내면 상황을 그려내고 있다.
② (가)는 (나)와 달리 완결되지 않은 문장으로 시상을 마무리하여 여운을 주고 있다.
③ (나)는 (가)와 달리 대조적 대상과의 비교를 통해 시적 대상의 특성을 보여주고 있다.
④ (나)는 (가)와 달리 청자를 명시적으로 설정하여 시적 상황을 구체화하고 있다.
⑤ (가)와 (나)는 모두 상승 이미지와 하강 이미지를 활용하여 낭만적 분위기를 조성하고 있다.

32. (가)의 ㉠~㉤을 이해한 내용으로 적절하지 않은 것은?

① ㉠: 죄책감에서 오래도록 벗어나지 못하고 있는 상태를 의미한다.
② ㉡: 쫓기면서 조마조마하게 살아왔던 삶의 모습을 보여준다.
③ ㉢: 어두운 현실 속에서 삶의 지표가 될 수 있는 희망을 상징한다.
④ ㉣: 고통스러운 삶을 벗어나 맞이하고자 소망하던 삶을 나타낸다.
⑤ ㉤: 삶을 구속하여 앞으로 나아가지 못하도록 하는 현실을 가리킨다.

33. (나)의 [A], [B]에 대한 설명으로 가장 적절한 것은?

① [A]에는 대상의 과거 모습이, [B]에는 대상 현재의 모습이 나타나 있다.
② [A]에는 대상이 변화하기 전의 모습이, [B]에는 대상이 변화한 후의 모습이 나타나 있다.
③ [A]에는 대상에 대한 화자의 연민이, [B]에는 대상에 대한 화자의 경외감이 나타나 있다.
④ [A]에는 대상에 대한 화자의 관찰 내용이, [B]에는 대상에 대해 화자가 추측한 내용이 나타나 있다.
⑤ [A]에는 대상과 차별화되는 화자의 모습이, [B]에는 대상을 동일시하는 화자의 모습이 나타나 있다.

34. <보기>를 바탕으로 (가), (나)를 감상한 내용으로 적절하지 않은 것은? [3점]

< 보 기 >

시에는 시인의 현실 인식과 자기 인식이 드러난다. 특히 시인은 세상의 풍파를 견뎌내는 과정에서 경험한 인간적 상처와 고뇌를 문학적 언어를 통해 표현해내는 경우가 많다. 이때의 언어는 시인의 개인적 삶에 대한 조망을 담는 것에 그치지 않고 인간이라는 존재와 그 삶에 대한 보편적 이해를 수반한다. (가)는 항일투쟁을 실천했던 시인의 경험을 바탕으로 비극적 상황 속에서 존재의 고통과 인식을 보여주고 있으며, (나)는 시인이 특정 대상을 통해 발견한 존재의 고통과 실존의 이유를 드러내고 있다.

① (가) : '깨어진 뱃조각'과 '구죽죽한 어촌'은 시인 자신이 불안하고 고단한 삶을 살고 있다는 비극적인 현실 인식을 드러낸 것이라 할 수 있겠군.
② (가) : '남들은 기뻤다는 젊은 날'과 '전설에 읽어 본 산호도'는 시인이 과거의 삶으로 회귀하려는 인간의 보편적 성향을 나타낸 것이라고 할 수 있겠군.
③ (가) : '새벽 밀물에 밀려온 거미'와 '다 삭아빠진 소라 껍질에' '붙어 왔다'는 것은 자신의 삶에 대한 시인의 자기 고백을 담아낸 것이라고 할 수 있겠군.
④ (나) : '개조개 한 마리'의 '부르튼 맨발'은 시인이 거친 세상의 풍파를 견뎌내야 하는 존재의 고통을 발견한 것이라고 할 수 있겠군.
⑤ (나) : '움막 같은 집으로 돌아오면' 멎는 '울음'은 존재가 고통을 견뎌내야 하는 이유에 대한 시인의 생각과 관련된 것이라고 할 수 있겠군.

[35～39] 다음 글을 읽고 물음에 답하시오.

(가)

"여보!"

[A] 그는 구두를 벗고, 스위치를 찾으려고 벽을 더듬거리면서 분노에 차서 소리를 질렀다. 하지만 방안은 어두웠고 아무도 대답하질 않았다. 제기랄. 그는 너무 피로해서 퉁퉁 부은 다리를 질질 끌며 간신히 벽면의 스위치를 찾아내었고, 그것을 힘껏 올려붙였다. 접촉이 나쁜 형광등이 서너 번 채집병 속의 곤충처럼 껌벅거리다가는 켜졌다. 불은 너무 갑자기 들어온 기분이어서, 그는 잠시 동안 낯선 곳에 들어선 사람처럼 어리둥절하게 서 있었다.

그때 그는 아직도 문밖에서 사내가 의심스럽게 자기를 쳐다보고 있는 것을 보았고, 그는 조금 어처구니없어서 방문을 쾅 닫아 버렸다. 그때 그는 화장대 거울 아래 무슨 종이가 놓여 있는 것을 발견하였고, 그래서 그는 힘들여 경대 앞까지 가서 그 종이를 주워 들었다.

여보, 오늘 아침 전보가 왔는데, 친정 아버님이 위독하시다는 거예요. 잠깐 다녀오겠어요. 당신은 피로하실 테니 제가 출장 가신 것을 잘 말씀드리겠어요. 편히 쉬세요. 밥상은 부엌에 차려 놨어요.

당신의 아내가

그는 울분에 차서 한숨을 쉬면서, 발소리를 쿵쿵 내면서, 한없이 잠겨 들어가는 피로를 느끼면서, 코트를 벗고 넥타이를 풀고, 와이셔츠를 벗는 일관 작업을 매우 천천히 계속하였으며 그리고는 거의 경직이 되어 뻣뻣한 다리를, 접는 나이프처럼 굽혀 바지를 벗고 그것을 아주 화를 내면서 옷장 속에 걸었다. 그때 그는 거울 속에 주름살을 잔뜩 그린 늙수그레한 남자를 발견했고, 그는 공연히 거울 속의 자기를 향해 맹렬한 욕을 퍼붓기 시작했다.

제기랄. 겨우 돌아왔어. 제기랄. 그런데두 아무도 없다니.

그는 **심한 고독**을 느꼈다. 그는 벌거벗은 채, 스팀 기운이 새어 나갈 틈이 없었으므로 후텁지근한 거실을, 잠시 철책에 갇힌 짐승처럼 신음을 해 가면서 거닐었다.

<중략>

그것은 그래도 처음엔 조심스럽게 시작되었다. 하지만 그들의 대상이 무방비인 것을 알자, 일제히 한꺼번에 고래고래 소리를 지르면서 **날뛰기 시작**했다. 크레용들이 허공을 난다. 옷장 속의 옷들이 펄럭이면서 춤을 춘다. 혁대가 물뱀처럼 꿈틀거린다. 용감한 녀석들은 감히 다가와 그의 얼굴을 슬쩍슬쩍 건드려 보기도 하였다. 조심해 조심해. 성냥곽 속에서 성냥개비가 중얼거린다. 꽃병에 꽂힌 마른 꽃송이가 다리를 번쩍번쩍 들어올리면서 춤을 춘다. 내의가 들여다보인다. 벽이 서서히 다가와서 눈을 두어 번 꿈쩍거리다가는 천천히 물러서곤 하였다. 트랜지스터가 안테나를 세우고 도립하기 시작한다. 그러자 재떨이가 박수를 치기 시작한다. 소켓 부분에선 노래가 흘러나온다. 낙숫물이 신기해서 신을 받쳐 들던 어릴 때의 기억처럼 그는 자그마한 우산을 펴고 화환처럼 황홀한 그의 우주 속으로 뛰어든 셈이었다. 그는 공범자가 되고 싶은 욕망을 느낀다.

그때였다. 그는 서서히 다리 부분이 경직해 오는 것을 느꼈다. 그것은 우연히 느낀 것이었다. 처음에 그는 이 방에서 도망가리라 생각했었기 때문에, 될 수 있는 한 소리를 내지 않고 살금살금 움직이리라고 마음먹고 천천히 몸을 움직이려 했을 때였다. 그러나 그는 다리를 움직일 수가 없었다. 이상한 일이었다. 그래서 그는 손을 내려 다리를 만져 보았는데 다리는 이미 굳어 석고처럼 딱딱하고 감촉이 없었으므로 별수 없이 손에 힘을 주어 기어서라도 스위치 있는 쪽으로 가리라고 결심했다. 그는 손을 뻗쳐 무거워진 다리, 그리고 더욱더 굳어져 오는 다리를 끌고 스위치 있는 곳까지 가려고 안간힘을 썼다. 그러나 그는 채 못 미쳐 이미 온몸이 굳어 오는 것을 발견하였다. 그래서 그는 숫제 체념해 버렸다. 참 이상한 일이라고 생각하면서 그는 조용히 다리를 모으고 직립하였다. 그는 마치 부활하는 것처럼 보였다.

다음다음날 오후쯤 한 여인이 이 방에 들어왔다. 그녀는 방안에 누군가가 침입한 흔적을 발견했다. 매우 놀라서 경찰을 부를까고도 생각했었지만, 놀란 가슴을 누르며 온 방안을 조심스럽게 살펴보았는데 틀림없이 그녀가 없는 새에 누군가가 들어온 것은 사실이긴 했지만 자세히 구석구석 살펴본 후에 잊어버린 것이 없다는 것을 발견하자 안심해 버렸다.

그러나 그녀는 곧 잊어버린 것이 없는 대신 **새로운 물건**이 하나 놓여 있는 것을 발견했다.

그 물건은 그녀가 매우 좋아했던 것이었으므로 며칠 동안은 먼지도 털고 좀 뭣하긴 하지만 키스도 하긴 했었다. 하지만 나중엔 별 소용이 닿지 않는 물건임을 알아차렸고 싫증이 났으므로 그 물건을 다락 잡동사니 속에 처넣어 버렸다. 그리고 그녀는 다시 그 방을 떠나기로 작정을 했다. 그래서 그녀는 메모지를 찢어 달필로 다음과 같이 써서 화장대 위에 놓았다.

[B] 여보, 오늘 아침 전보가 왔는데 친정 아버님이 위독하다는 거예요. 잠깐 다녀오겠어요. 당신은 피로하실 테니 제가 출장 갔다고 할 테니까 오시지 않으셔두 돼요. 밥은 부엌에 차려 놨어요.

당신의 아내가

– 최인호, 「타인의 방」 –

(나)

기임 : (침대에서 내려와 자앙에게 다가온다.) 나도 상자 주인한테 편지를 보내야겠다. 부를 테니 받아써 줄래?

자앙 : 그래, 불러 봐.

기임 : 사실은 상자를 바꾼 건 제 친구가 아니라 저올시다. 제 친구에게는 아무 잘못이 없으니 벌을 주시려거든 저에게 주십시오. 야, 잠깐. 벌이란 말은 빼라. 난 벌 받는 건 싫으니까. 제 친구는 아주 성실한 사람입니다. 창고 안으로 상자를 들여올 때는 단 하나도 틀리지 않았고, 창고 밖으로 내보낼 때는 **정확하게 확인하고 또 확인**했었죠. 그런데 말씀입니다. 요즘 제 친구는 밤에 잠을 못 잡니다. 낮에 일할 땐 힘이 없구요. 뭔가 잘못을 했으면 야단치실 것이지, 가만있으니깐 지금까지 잘한 일도 의심스러운 모양입니다. 잠깐, 너 야단치란 그것도 빼. 다시 한번 말씀드립니다만, 제 친구는 아무 잘못이 없습니다. 오히려 그는 큰 상을 받아야 합니다. 저는 제 친구가 다시 신이 나서 행복하게 일하기를 바랍니다. 안녕히 계십시오. (부르기를 마치고 가만히 앉아 있는 자앙을 바라보며) ⓐ <u>어어, 받아쓰질 않았잖아?</u>

자앙 : ⓑ <u>네가 날 그렇게 생각해 주다니… 난 정말 감동했어.</u>

기임 : 뭘 그까짓 걸 가지고 감동해? 편지는 알아듣기 쉽게 써야 하는 거야.

자앙 : 응, 네 말이 맞아.

기임 : 한마디도 받아쓰지 않고 뭘 맞다고 그래?

자앙 : 네 편지는 모두 내 마음속에 적었지!

기임 : ⓒ <u>미리 경고해 두는데, 나한테 다정하게 굴지 마.</u> 난 분명히, 네 곁을 떠날 사람이야.

자앙 : 가면 안 돼. 나와 함께 여기 있자구. 창고 밖으로 나가면, 또 창고가 있고, 그 창고 밖으로 나가면, **또 창고가 있을 뿐**… 달라질 건 아무 것도 없어.

기임 : ⓓ <u>또 의붓어미 버릇 나오는군!</u> 언제나 너는 나한테 잔소리를 퍼부었어. 이 창고 속에 있어라, 이 창고 속에서 제발 성실히 일하렴. 그게 행복하게 사는 거란다…. 이젠 지겨워! 너도 나와 함께 바깥세상에 한번 나가 봐. 창고 밖의 세상에는 우리가 할 수 있는 일들이 얼마든지 있을 거야! 그런데 왜 아까운 인생을 이 창고 속에서 썩히냐?

<중략>

(창고 밖으로 떠나는 것이 즐겁다는 듯이 기임의 환호성이 들린다. 트럭 운전수와 다링의 웃음소리도 들린다. 잠시 후, 트럭이 경음기를 울리며 떠나는 소리가 들린다. 창고는 조용해진다. 자앙, 식탁 의자에 힘없이 주저앉는다. 늙고 허약해진 모습이다. 그는 식탁 위에 놓여 있는 북어 대가리를 물끄러미 바라본다.)

자앙 : 그래, 나도 너처럼 머리만 남았군. 그저 쓸쓸하고…… 허무한 생각으로…… 가득 찬…… 머리만…… 덜렁…… 남은 거야. (두 손으로 북어 대가리를 집어서 얼굴 가까이 마주 바라보며) 말해 보렴. 네 눈엔 내가 어떻게 보이는지? 그토록 오랜 나날…… 나는 이 어둡고 조그만 창고 속에서…… 행복했었다. 상자들을 옮겨 오고…… 내보내며…… 내가 맡고 있는 일을 잘하고 있다는 뿌듯함…… 그게 내 삶을 지탱해 왔었는데……. 하지만 네 생각을 말해 봐. 만약에…… 정말 그럴 리가 없겠지만…… 이 창고 속에서의 성실함이…… 무슨 소용 있는 거지? (사이) 북어 대가리야, 왜 대답이 없니? 멀뚱멀뚱 바라만 볼 뿐 왜 대답이 없어? (북어 대가리를 식탁 위에 내려놓는다.) ⓔ <u>아냐, 내 물음은 틀린 거야.</u> 덜렁 남은 머릿속의 생각만으로 세상을 잘못됐다구 판단해선 안 돼. (핸들 카에 실린 상자들을 서류와 대조하며 제자리에 쌓기 시작한다.) 제자리에 상자들을 옮겨 놓아라! 나는 의붓어미다! 정확하게 쌓아라! 틀리면 야단칠 테다! 단 하나의 착오도 없게, 절대로 틀려서는 안 된다!

(자앙, 정성을 다해 상자들을 쌓는다. 무대 조명, 서서히 자앙에게 압축되면서 암전한다.)

– 이강백, 「북어 대가리」 –

35. (가)와 (나)의 공통점으로 가장 적절한 것은?

① 인물의 말과 행동을 통해 특정 인물을 희화화하고 있다.
② 인물 간의 대화를 통해 이전 사건이 요약적으로 제시되고 있다.
③ 인물의 행위를 통해 특정 상황에서 유발된 인물의 감정이 드러나 있다.
④ 인물이 미래를 상상하는 장면을 구성하여 갈등 해소의 가능성을 보여 주고 있다.
⑤ 인물의 경험을 삽화 형식으로 나열하여 인물의 성격을 입체적으로 그려 내고 있다.

36. <보기>를 참고하여 (가)와 (나)를 감상한 내용으로 적절하지 <u>않은</u> 것은? [3점]

< 보 기 >

문학은 현대 사회의 병리적 현상인 소외의 문제에 민감하게 반응한다. 개체화되고 파편화된 삶을 살아가는 현대인들은 일체의 유의미한 관계로부터 소외됨은 물론 자신의 노동으로부터도 소외되고 만다. 또한 수많은 폐쇄적 공간의 연속에 불과한 도시에서 개성을 잃고 익명성을 지닌 존재로 살아가는 현대인들은 때로 정신적 위기를 경험하면서 인간으로서의 존엄을 잃고 사물의 지위로 전락하고 만다. 작가들은 이러한 사회상에 대해 자신이 가진 비판적 의식을 상징적이고 초현실주의적인 기법으로 형상화하기도 한다.

① (가)에서 '그'가 겨우 돌아온 집에 아무도 없다는 사실로부터 '심한 고독'을 느끼는 것은 유의미한 관계로부터 소외되는 현대인의 모습을 환기하는 효과가 있겠군.
② (가)에서 방 안의 사물들이 '날뛰기 시작'하는 부분은 현대인이 경험하는 정신적 위기를 초현실주의적인 방식으로 표현한 것이겠군.
③ (가)에서 '그'가 '새로운 물건'으로 변해 버렸다고 표현한 것은 존엄을 잃고 사물의 지위로 전락한 현대인의 모습을 상징적으로 드러내려 한 것이겠군.
④ (나)에서 '자앙'이 상자들을 '정확하게 확인하고 또 확인'하는 모습을 통해 현대인이 노동으로부터 소외되는 자신의 상황에 대해 비판적 의식을 지니게 되는 양상을 그리려 했겠군.
⑤ (나)에서 이 창고 밖에는 '또 창고가 있을 뿐'이라는 '자앙'의 말은 현대인이 살아가는 도시가 수많은 폐쇄적 공간의 연속에 불과하다는 인식이 반영된 것이겠군.

37. [A]와 <보기>를 비교한 설명으로 가장 적절한 것은?

< 보 기 >

그는 구두를 벗고, 스위치를 찾으려고 벽을 더듬거리면서 분노에 찬 듯 소리를 질렀다. 하지만 아무도 없는 방안은 어두웠다. 몹시 피로해 보이는 그는 퉁퉁 부은 다리를 질질 끌며 간신히 벽면의 스위치를 찾아내었고, 그것을 세게 올려붙였다. 접촉이 나쁜 형광등이 서너 번 채집병 속의 곤충처럼 껌벅거리다가는 켜졌다. 불이 너무 갑자기 들어오기라도 했다는 듯, 그는 잠시 동안 낯선 곳에 들어선 사람처럼 어리둥절한 표정으로 서 있었다.

① [A]와 달리 <보기>는 주인공인 서술자가 자신의 심리를 직접 서술하고 있다.
② [A]와 달리 <보기>는 서술자가 관찰자의 입장에서 객관적으로 인물의 행동을 묘사하고 있다.
③ <보기>와 달리 [A]는 이야기 외부의 서술자가 독자에게 사건을 전달하고 있다.
④ <보기>와 달리 [A]는 주변 인물인 서술자가 주인공의 행동과 심리를 제시하고 있다.
⑤ [A]와 <보기> 모두 서술자의 교체를 통해 사건의 의미를 다각적으로 조명하고 있다.

38. [B]에 대한 설명으로 가장 적절한 것은?

① 숨겨 왔던 인물의 진심을 보여 주어 독자의 궁금증을 해소한다.
② 인물들이 공유하는 추억을 언급하여 장면의 서정적인 분위기를 부각한다.
③ 앞서 제시된 것과 동일한 사건을 통해 문제적 상황이 지속될 것임을 암시한다.
④ 진정한 의사소통을 통해 인물 간의 관계가 성공적으로 복원될 것임을 예고한다.
⑤ 극적 반전을 통해 사건이 새로운 국면에 접어들 것이라는 추론의 근거를 마련한다.

39. (나)를 바탕으로 공연을 준비할 때, ⓐ~ⓔ와 관련하여 연출자가 배우에게 요구할 내용으로 적절하지 <u>않은</u> 것은?

① ⓐ: 뒤늦게 알게 된 상대방의 행동에 대해 의아해 하는 느낌이 전달되게 말하세요.
② ⓑ: 자신에 대해 상대방이 의외의 평가를 한 것에 감격한 표정으로 말하세요.
③ ⓒ: 앞으로의 일에 대한 확신에서 비롯된 단호한 태도가 드러나게 말하세요.
④ ⓓ: 상대방의 태도에 대해 불만을 표현하는 표정과 억양으로 말하세요.
⑤ ⓔ: 지난 삶에 대한 총체적인 회의에서 비롯된 절망감이 드러나게 말하세요.

[40 ~ 42] 다음 글을 읽고 물음에 답하시오.

늙고 병들고 게으른 이 성품이
세정(世情)도 모르고 **인사(人事)에 우활**하여*
공명부귀(公明富貴)도 구하기에 손이 설어
빈천 기한(貧賤飢寒)을 일생(一生)에 겪었지만
낙천 지명(樂天知命)*을 옛적 잠깐 들어서
산수(山水)를 좋아하여 우연(偶然)히 들어오니
득상(得喪)도 모르거든 영욕(榮辱)을 어이 알며
시비(是非)를 못 들으니 출척(黜陟)*을 어이 알까
환도 소연(環堵蕭然)*하여 무릎을 들일 듯 말듯
두실* 잠적(斗室岑寂)하여 **세려(世慮)를 잊었으니**
황권* 성현(黃卷聖賢)은 오랜 세월 벗이시며
천지신명(天地神明)은 방촌(方寸)의 빛이시며
성분 품수*(性分稟受)를 저버리지 말자 하니
소사 수음(疏食水飮)*도 잇든지 못 잇든지
옛 사람의 즐거움이 정중(靜中)에 깊었도다
때때로 책을 덮고 무릎 치며 감탄하고
거문고 한 곡조에 탁주 삼배(濁酒 三盃)한 후
호호장가(浩浩長歌)*를 느릿하게 부르니
당우(唐虞)*는 언제던가 이내 몸 늦었도다
산림(山林)이 적막(寂寞)한데 **생각하면 다사(多事)한 듯**
고운(孤雲)을 보거니 독조(獨鳥)는 무슨 일인가
명월청풍(明月淸風)은 함께 좇아 들어오네.
차를 달이려고 송자(松子)를 주워 놓고
출주(朮酒)를 거른 후에 갈건(葛巾)을 아니 널랴
계변(溪邊) 든 잠을 수성(水聲)이 깨우는 듯
죽림(竹林) 깊은 곳에 손님이 오는구나.
시문(柴門)을 열치고 낙엽(落葉)을 바삐 쓸며
이끼 낀 바위에 기대어 앉아보며
그늘진 송근(松根)을 베고도 누어보며
한담(閑談)을 못다 그쳐 산일(山日)이 기우니
은자(隱者)를 언제 찾을까 채약(採藥)이 늦었도다
그도 번거로워 떨치고 걸어 올라
두 눈을 치켜뜨고 만 리를 돌아보니
낙하 고목(落霞孤鶩)*은 오며가며 다니거든
망망 속물(茫茫俗物)은 **안중(眼中)에 진애(塵埃)***로다.
기심(機心)*을 잊었으니 어조(魚鳥)나 날 대하랴
낚시터에 앉아서 ㉮ <u>백구(白鷗)</u>를 벗을 삼고
와분(瓦盆)을 기울여 취하도록 혼자 먹고
흥진(興盡)을 기약하여 석양(夕陽)을 보낸 후에
강문(江門)에 달이 올라 수천(水天)이 일색일 때
만강 풍류(滿江風流)를 한 배 위에 실어 오니
표연 천지(飄然天地)에 막힐 게 무엇이랴
두어라 **이렇게 종노(終老)한들 어이하리**

- 조우인, 「매호별곡」 -

*우활하여 : 사리에 어둡고 세상 물정을 잘 몰라.
*낙천지명 : 하늘을 즐기고 천명을 앎.
*출척 : 못된 사람을 내쫓고 착한 사람을 올리어 씀.
*환도 소연 : 좁은 방이 쓸쓸함.
*두실 : 썩 작은 방이나 집.
*황권 : 책을 달리 이르는 말.
*품수 : 선천적으로 타고남.
*소사 수음 : 거친 음식을 먹고 물을 마심.
*호호장가 : 중국 송나라 때 마존이 호탕하게 살겠다는 뜻을 읊은 노래.
*당우 : 요임금과 순임금의 시기. 태평성대의 시기.
*낙하 고목 : 저녁노을에 외로운 따오기.
*진애 : 티끌과 먼지를 통틀어 이르는 말.
*기심 : 기회를 엿보는 마음.

40. 윗글의 화자에 대한 이해로 적절하지 않은 것은?

① 자신을 '인사에 우활'한 존재로 여기고 있다.
② '득상'과 '시비'가 없는 공간에서 '은자'의 삶을 살아가고 있다.
③ '옛 사람의 즐거움'을 따르는 삶에 대한 애정을 지니고 있다.
④ '소사 수음'하는 삶 속에서 만족감을 느끼고 있다.
⑤ '안중에 진애'에 대한 미련을 술을 통해 해소하고 있다.

41. 윗글의 ㉮와 <보기>의 ㉯를 비교한 내용으로 가장 적절한 것은?

< 보 기 >

어와 저 ㉯ 백구야 무슨 수고 하느냐
갈 숲으로 서성이며 고기 엿보기 하는구나
나같이 군마음 없이 잠만 들면 어떠리
– 김광욱, 「율리유곡」 제3수 –

① ㉮와 ㉯ 모두 인생의 무상함을 느끼게 하는 소재로 볼 수 있다.
② ㉮와 ㉯ 모두 인간사와 대조되는 자연의 섭리를 상징하는 소재로 볼 수 있다.
③ ㉮는 화자의 갈등을 심화하는 소재로, ㉯는 화자의 갈등을 완화하는 소재로 볼 수 있다.
④ ㉮는 현재의 상황에 대한 각성의 계기가 된 소재로, ㉯는 과거의 상황에 대한 회고의 계기가 된 소재로 볼 수 있다.
⑤ ㉮는 화자가 지향하는 삶과 관련되는 소재로, ㉯는 화자가 거리를 두려는 삶과 관련되는 소재로 볼 수 있다.

42. <보기>를 참고하여 윗글을 감상한 내용으로 적절하지 않은 것은? [3점]

< 보 기 >

조우인은 늦은 나이에 문과에 급제하여 품계보다 낮은 외직만 역임하다가 말년에 파직까지 당하였다. 이 작품은 조우인이 정치에 대한 미련을 모두 버리고 낙향하여 지은 작품으로 알려져 있다. 이 작품에는 세속적 욕망이나 갈등에 초연한 채 자연에 귀의한 삶의 즐거움이 드러나 있다. 또한 화자는 뜻을 펼치지 못한 채 불우하게 살아온 지난 삶에 대한 소회를 표현하는 가운데 자신에게 주어진 삶을 담담하게 살고자 하는 의지를 보여 주고 있다.

① '공명부귀도 구하기에 손이 설어'와 '빈천 기한을 일생에 겪었지만'은 뜻을 펼치지 못한 채 불우하게 살아온 화자의 처지를 표현한 것이겠군.
② '세려를 잊었으니'와 '기심을 잊었으니'는 세속적 욕망과 정치에 대한 미련을 버린 채 현실에 초연하고 싶은 화자의 마음을 나타낸 것이겠군.
③ '성분 품수를 저버리지 말자 하니'와 '이렇게 종노한들 어이하리'는 주어진 삶에 담담하게 순응하며 살아가려는 화자의 태도를 드러낸 것이겠군.
④ '당우는 언제던가 이내 몸 늦었도다'와 '생각하면 다사한 듯'은 지난 삶에 대한 그리움과 안타까움을 느끼고 있는 화자의 심리를 반영한 것이겠군.
⑤ '명월청풍은 함께 좇아 들어오네'와 '만강 풍류를 한 배 위에 실어 오니'는 자연에 귀의하여 한적한 삶을 즐기고 있는 화자의 모습을 보여 주는 것이겠군.

[43 ~ 45] 다음 글을 읽고 물음에 답하시오.

천군이 즉위하니, 이때는 곧 강충 원년이다. 인(仁)과 의(義)와 예(禮)와 지(智)는 저마다 중책을 맡아 자기 직분에 충실했고, 희(喜)와 노(怒)와 애(哀)와 락(樂)은 모두 중용에 합하여 겉으로 드러나는 것이 다 절도에 맞았으며, 시(視)와 청(聽)과 언(言)과 동(動)은 모두 예의 지배를 받아 네 가지 하지 말아야 할 것에 위배되지 않았다.

이때 천군이 영대 위에 팔짱을 끼고 편안히 앉으니 백관이 모두 명령을 받들었다. 그리하여 솔개가 나는 하늘이며 물고기가 헤엄치는 연못이며 천군의 소유 아닌 것이 없고, 오동나무에 걸린 달이며 버드나무에 부는 바람이며 천군의 소관 아닌 것이 없었다. 그러니 순임금처럼 예악을 통해 나라를 다스리는 수고를 할 필요도 없고, 요임금처럼 지극히 검소한 생활을 할 필요도 없었다. 급히 눌러야 할 욕망도 없고 거대한 분노도 없으니, 사해 안에 누군들 천군을 자신의 임금이라 여기지 않겠는가?

2년 뒤 정신이 맑고 풍모가 고고한 한 노인이 자신을 주인옹이라 하며 천군 앞에 와서 상소하기를,

[A]
"생각건대 위태로움은 편안함에서 생겨나고, 어지러움은 잘 다스려짐에서 나옵니다. 그러므로 현명한 군주는 예기치 않은 변고와 뜻하지 않은 재난이 일어날까 항상 조심합니다. 『주역』에 '서리를 밟으면 단단한 얼음이 얼 때가 온다.'라는 말이 있듯이, 미세한 변화가 있을 때 방비하지 않아서는 안 되고, 조짐이 있을 때 막지 않으면 안 되는 법입니다. 아직 일어나지 않은 일을 살피는 것은 철인의 뛰어난 통찰력이요, 이미 일어난 일에 얽매이는 것은 범인의 비루한 소견입니다. 철인의 통찰력을 갖지 못하고 범인의 소견을 고집한다면 어찌 위태롭지 않겠습니까?
지금 전하께서는 나라가 이미 잘 다스려지고 있고 평화롭다고 생각하시지만, 이는 작은 싹이 천 길 나무가 되고 잔 하나를 채울 정도의 물이 샘솟아 하늘에 닿을 만큼 큰 강이 된다는 점을 전혀 모르고 계신 것입니다. 또 나라의 근본이 아직 견고하지 못하건만 갑자기 문장과 서화에 빠져 밤낮으로 가까이하는 이들은 도홍*과 모영*의 무리 네 사람뿐입니다. 또 고금의 영웅을 강개한 마음으로 상상하여 이들이 폐부 사이를 쉴 새 없이 왕래하게 하시는데, 이 무리들은 난을 일으키기 쉬운 존재입니다. 전하께서 정성스러운 마음을 힘껏 좇고 화평으로 제어하신다면, 보이지 않는 것을 보시고 소리 없는 것을 들으시어 일을 그르치기에 이르러서야 뒤늦게 생각한다는 꾸짖음을 면할 수 있을 것입니다. 간절하고 지성스러운 마음을 이기지 못해 아룁니다."

천군이 상소를 다 읽고 허심탄회하게 받아들였지만, 문장을 즐기는 마음을 끝내 그만둘 수 없어 고금의 일을 읊조리곤 하였다.

[중략 부분 줄거리] 어느 날 초췌한 모습의 두 사람이 찾아와 땅 한 구석에 성을 쌓고 살게 해 달라고 하자 천군은 이를 허락한다. 얼마 후 천군의 땅에 무고하게 죽은 충신, 지사, 백성들이 모여 수성(愁城)을 쌓는다. 이에 백성들이 불안과 수심에 싸여 살게 되자, 천군은 주인옹의 말을 듣고 국양 장군을 불러 수성을 치라고 명한다.

이때 해는 저물어 연기가 피어오르고 산들바람에 제비가 지저귀는데, 양쪽 진영에서는 화살에 매단 격문을 서로 쏘아 보내고 북소리와 피리 소리는 사기를 북돋고 있었다. 장군은 조

구에 올라 주허후 유장에게 명령하기를,

"군령이 지극히 엄하니 네가 군령을 담당하여 기둥을 찌르는 교만한 장수와 술을 피해 달아나는 노병이 없게 하라."

그러자 군중이 엄숙해져 감히 떠드는 자가 없었고, 나아가고 물러서는 데 질서가 있었으며, 공격하여 전투를 벌이는 데 법도가 있었다. 진을 치는 법은 육화진법을 본받았으니, 이것은 해바라기 모양을 본떠 만든 것이다. 옛날 이정이 고구려를 공격할 때 산이 험준해서 제갈공명의 팔진법을 쓸 수 없었으므로 육화진법을 대신 썼던 것인데, 지금 이 진법을 쓴 것이다.

장군이 옥주를 타고 주지를 건너면서 칼로 삿대를 치며 맹세하기를,

"반드시 수성을 소탕하고 돌아올 것을 이 물에 걸고 맹세하노라."

이윽고 해구에 배를 정박한 뒤 즉시 장서기 모영을 불러 그 자리에서 격문을 짓게 하였다. 격문에 쓰기를,

[B] "모월 모일, 옹주·병주·뇌주 대도독 겸 구수 대장군은 수성에 격문을 보내노라. 잠시 머물렀다가 가는 하늘과 땅 사이, 나그네처럼 흘러가는 시간 속에서 장수하든 요절하든 매한가지 꿈이거늘, 살아서 시름겹고 한스러운 것이 해골의 즐거움만 못하니 어찌 슬프지 않겠는가. 너희 수성이 우환이 된 지 오래다. 임금에게 쫓겨난 신하, 근심에 잠긴 아낙, 절개 있는 선비와 시인들이 수성을 찾아와 거울 속의 얼굴이 쉽게 시들고 머리카락이 서리처럼 하얗게 세니, 그 세력을 더 키워 제압하기 어려운 지경에 이르게 해서는 안 될 줄 안다. 지금 나는 천군의 명을 받아 신풍의 병사를 통솔하여, 서주역사를 선봉으로 삼고, 합리와 해오를 비장으로 삼았으니, 제갈공명이 진을 벌여 풍운진을 펴고 초패왕 항우가 고금 제일의 용맹을 떨친다 한들 우리 앞에서는 아이들 장난에 불과하거늘, 어찌 우리를 당해 내겠느냐? 하물며 초나라에서 홀로 취하지 않은 굴원*쯤이야 개의할 게 무엇 있겠느냐? 격문을 받는 날로 어서 백기를 들라!"

출납관으로 하여금 소리 높여 격문을 읽어 수성 안에 두루 들리게 하니 성안 가득한 사람들이 모두 항복할 생각뿐이었다. 오직 굴원만이 굴복하지 않고 머리를 풀어헤치고 달아나 어디로 갔는지 알 수 없었다.

장군이 해구로부터 병 안의 물을 쏟아 붓듯이 기세등등하게 파죽지세로 내려오니, 공격하지 않아도 성문이 저절로 열렸고 싸우지 않고도 온 성이 항복했다. 장군은 무용을 뽐내고 위세를 드날리며 군사를 흩어 외곽을 포위하기도 하고 군사를 모아 내부에 진을 치기도 하니, 바다에 밀물이 몰려오고 강가의 성곽에 비가 퍼부어 범람하는 듯했다.

천군이 영대에 올라 바라보니 구름이 사라지고 안개가 걷히며, 온화한 바람이 불고 봄날의 따뜻한 햇빛이 비쳤다. 지난날 슬퍼하던 자는 기뻐하고, 괴로워하던 자는 즐거워하고, 원망하던 자는 원망을 잊고, 한을 품었던 자는 한이 녹아 버리고, 분을 품었던 자는 사라지고, 노여워하던 자는 기뻐하고, 근심하던 자는 환희하고, 답답해하던 자는 마음이 탁 트이고, 신음하던 자는 노래 부르고, 팔뚝을 내지르며 분개하던 자는 발을 구르며 춤을 추었다.

– 임제, 「수성지(愁城誌)」 –

* 도홍 : 질흙으로 만든 벼루를 이르는 말.
* 모영 : 털로 만든 붓이라는 뜻으로 '붓'을 달리 이르는 말.
* 굴원 : 중국 전국 시대 초나라의 정치가 · 시인.

43. 윗글의 내용에 대한 이해로 적절하지 <u>않은</u> 것은?

① 천군은 주인옹이 올린 상소를 허심탄회하게 받아들였지만 문장을 멀리하지는 않았다.
② 주인옹은 천군이 군사력을 바탕으로 나라를 통찰력 있게 다스려야 함을 강조하였다.
③ 국양 장군은 유장에게 군령을 담당할 것을 명하며 군중의 질서와 법도를 잡게 하였다.
④ 천군에게 명을 받고 출전한 국양 장군은, 수성 안의 사람들 모두를 굴복시키지는 못했다.
⑤ 국양 장군은 장서기 모영을 불러 격문을 짓게 하고 출납관으로 하여금 그 격문을 읽게 하였다.

44. <보기>를 바탕으로 할 때, 윗글에 대해 보인 반응으로 적절하지 <u>않은</u> 것은? [3점]

< 보 기 >

이 작품은 마음을 천군(天君)으로 의인화하여 인간의 마음 변화를 우의적으로 다룬 천군 소설로, 천군이 국양의 도움을 받아 시름의 성인 수성(愁城)을 쳐서 수기(愁氣)를 물리치고 평온을 되찾는다는 내용으로 전개된다. 이 작품에는 당대의 부정적 현실을 직시하지 못하는 군주의 모습이 여실히 드러나 있다. 특히 현실의 문제가 술을 의인화한 존재인 국양을 통해 해결되는 상황을 보여 주고 있는데, 작가는 이를 통해 당대 집권층의 무능력과 허구성을 비판하고 있다.

① 나라의 근본이 견고하지 않은데도 나라가 이미 잘 다스려지고 있다고 천군이 여긴 것은, 현실을 올바르게 직시하지 못하는 군주의 모습을 드러낸다고 할 수 있군.
② 무고하게 죽은 충신, 지사, 백성들이 모여 불안과 수심에 싸여 살아가는 것은, 작가가 인식한 당대의 부정적 현실을 나타낸다고 할 수 있군.
③ 천군이 국양 장군을 불러 수성을 치라고 명한 것은, 현실 문제를 직접 해결하지 못하는 당대 집권층의 무능한 모습과 관련 있다고 할 수 있군.
④ 굴원이 굴복하지 않고 달아난 것은, 천군이 다스리는 나라의 평온을 되찾기 위해 공을 세운 인물까지 내쫓은 당대 집권층의 허구성을 드러낸다고 할 수 있군.
⑤ 천군이 영대에 올라 온화한 바람과 따뜻한 햇빛을 맞이하게 된 것은, 마음의 시름이 사라지고 평온을 되찾은 상황을 나타낸다고 할 수 있군.

45. [A]와 [B]에 대한 설명으로 적절하지 <u>않은</u> 것은?

① [A]는 비유적 표현을 통해 현재 상황에 대한 자신의 생각을 드러내고 있다.
② [A]는 고서의 일부 구절을 직접 인용하여 상대방에게 경계에 대한 조언을 하고 있다.
③ [B]는 부정적 현실을 근거로 하여 자신의 행위에 정당성을 부여하고 있다.
④ [B]는 가정적 상황을 활용하여 과거 자신의 행동에 대한 자책감을 드러내고 있다.
⑤ [A]와 [B]는 모두 설의적 표현을 통해 자신의 생각을 강조하여 전달하고 있다.

※ **확인 사항**
◦ **답안지의 해당란에 필요한 내용을 정확히 기입(표기)했는지 확인하시오.**

2020학년도 대학수학능력시험 대비 스핑크스 학력평가 문제지(제2회)

제 1 교시

국어 영역

[1~3] 다음은 강연이다. 물음에 답하시오.

안녕하세요? 경제 연구원 ○○○입니다. 제가 지난 강연의 말미에 언급했던 '비거노믹스' 기억하시나요? (대답을 듣고) 오늘은 그때 말씀드린 '비거노믹스'에 대해 설명드리고자 합니다.

비거노믹스는 동물성 재료를 쓰지 않고 음식물을 비롯해 다양한 제품을 만드는 전반적인 산업을 뜻하는 말입니다. 국내에서 비거노믹스의 열풍은 △△ 햄버거 프랜차이즈에서 시작되었습니다. 얼마 전 콩으로 만든 가짜 고기, 즉 대체육 버거가 출시된 것인데요, 현재 큰 인기를 끌고 있다고 합니다. (㉠사진을 보여 주며) 자, 어느 것이 고기 버거이고, 어느 것이 대체육 버거인지 아시겠어요? (청중의 반응을 살피고) 잘 모르시겠다고요? 사실 대체육 버거는 외양상 고기 버거와 전혀 차이가 없습니다. 맛은 어떨까요? 당연히 다를 것 같다고요? 먼저 인터뷰 자료를 보시지요. (㉡동영상을 보여 주며) 영상에서 보셨다시피 블라인드 테스트 결과 고기 버거와 대체육 버거가 확연히 구분된다고 답한 소비자는 50명 중 4명에 불과했습니다. 대체육 제조 기술이 그만큼 안정화된 것이지요. 과거에는 대체육을 만들 때 콩을 갈아 굳혀서 고기의 모양만 내는 데에 그쳤다면, 현재는 육즙, 고기의 맛과 냄새, 고기의 식감까지 느끼게 하고 있습니다. (㉢사진을 보여 주며) 사진에 보이는 것처럼 콩을 갈아 굳힌 재료에 식물성 기름을 넣어서 육즙을 재현하고, 효모 분말로 고기 맛을, 향을 넣어 냄새를 모방해 냅니다. 심지어 콩의 식물 단백질을 고온 고압으로 변형시켜 살코기의 근섬유와 비슷한 재질을 만들어 내기도 합니다. 고기 특유의 쫄깃한 식감을 내기 위함이지요.

그렇다면 많은 기업들이 육류를 대체육으로 바꾸려는 시도를 하는 이유가 무엇일까요? 저는 가장 큰 이유가 한정된 육류 생산량이 육류 소비량을 쫓아가지 못하기 때문이라고 봅니다. (㉣도표를 보여 주며) 유엔식량농업기구에 따르면 2050년에는 전 세계 인구가 현재보다 20억 명 늘고, 이들이 소비하는 육류가 연간 465만 톤에 달할 것이라고 합니다. 그 소비량에 맞추려면 매년 육류 생산량이 2억 톤씩 늘어나야 하는데요, 그것은 사실상 불가능합니다. 그런데 육류를 대체육으로 바꾸게 되면 소비량에 맞출 수 있는 것이지요.

(㉤그래프를 보여 주며) 전 세계적으로 채식 인구가 늘면서 식품 위주로 규모를 키워가던 비거노믹스가, 화면에서 보시다시피 이제는 화장품과 패션, 심지어 자동차 같은 물품들의 제조업에까지도 적용되고 있는 상황입니다. 비거노믹스가 화장품, 패션, 자동차와 구체적으로 어떤 상관관계가 있는지 궁금하시지요? 시간 관계상 이 내용은 다음 시간에 다루도록 하겠습니다. 경청해 주셔서 고맙습니다.

1. 위 강연자의 말하기에 대한 이해로 적절하지 않은 것은?

① 강연의 주요 용어를 정의하여 청중의 이해를 돕고 있다.
② 강연 내용을 요약·정리하여 핵심 내용을 강조하고 있다.
③ 지난 강연의 내용을 청중에게 환기하며 화제를 밝히고 있다.
④ 인용한 자료의 출처를 밝혀 내용의 신뢰성을 확보하고 있다.
⑤ 다음 시간에 다룰 내용에 대해 언급하며 강연을 마치고 있다.

2. 강연에서 강연자가 자료를 활용한 방식에 대한 설명으로 적절하지 않은 것은?

① 고기 버거와 대체육 버거가 겉으로 보기에 차이가 없음을 보여 주기 위해 ㉠을 제시하였다.
② 고기와의 구분이 어려운 대체육의 제조 과정을 자세히 보여 주기 위해 ㉡을 제시하였다.
③ 과거에 비해 대체육을 만드는 기술이 더욱 정교해졌음을 보여 주기 위해 ㉢을 제시하였다.
④ 기업들이 대체육 개발하려는 이유를 구체적으로 설명하기 위해 ㉣을 제시하였다.
⑤ 비거노믹스가 식품 제조업뿐만 아니라 다양한 분야로 확대되고 있음을 보여 주기 위해 ㉤을 제시하였다.

3. <보기>는 청중이 강연을 들으며 보인 반응이다. 청중의 듣기 활동을 분석한 내용으로 적절한 것은? [3점]

< 보 기 >

청자 1 : 외국의 경제 잡지에서 '2019년은 비건의 해다.'라는 말을 했다는 기사를 본 기억이 있어. '비건'이 '채식주의자'를 의미하는 단어이니, 이 강연의 화제인 '비거노믹스'의 열풍과도 무관하지 않을 것 같아. 마침 이슈가 되는 경제 개념을 조사해 발표하는 수행평가가 있는데, '비거노믹스'를 주제로 삼아야겠어.

청자 2 : '비거노믹스'가 '채식주의'를 뜻하는 말로 얼핏 알고 있었는데 그게 아니었구나. 강연을 통해 '비거노믹스'의 개념을 정확하게 알게 되어 좋았어. 그런데 강연에서 보여 준 블라인드 테스트의 설정은 정교하지 않은 것 같아. 고기 버거와 대체육 버거가 아니라, 고기 패티와 대체육 패티를 구분하는 실험이 되어야 하지 않을까? 버거에는 패티 말고 다른 재료도 많이 들어가 있기 때문에 대체육이 들어가 있는 것을 구분하기 어려울 텐데…….

① '청자 1'은 '청자 2'와 달리 새로운 사실을 알게 된 것에 대해 긍정적으로 평가하였다.
② '청자 2'는 '청자 1'과 달리 강연의 내용을 자신의 배경지식과 연결 지어 이해하였다.
③ '청자 2'는 '청자 1'과 달리 강연에 활용된 자료와 관련해 비판적 의문을 제기하였다.
④ '청자 1'과 '청자 2'는 모두 강연의 내용을 자신에게 주어진 문제를 해결하는 데 활용하려 하였다.
⑤ '청자 1'과 '청자 2'는 모두 강연 화제에 대해 지녔던 선입견이 잘못되었음을 깨닫게 된 정보를 얻었다.

[4～7] (가)는 지역 신문에 실린 기사문이고, (나)는 (가)가 보도된 이후에 지역 사회에서 개최된 협상이다. 물음에 답하시오.

(가)

한울 전통 시장, 야시장 운영한다

시청 측과 야시장 사업 연내 추진하기로 합의

시청 측과 한울 전통 시장 상인 측은 △월 △일 시청에서 회동해 지역 경제 활성화와 관광객 유치 확대를 위한 야시장 운영 사업을 연내 추진하는 데 큰 틀에서 합의했다.

시청 측은 한울 전통 시장이 타 지역의 시장에 비해 규모가 크고 최근 유명 텔레비전 프로그램에 소개되면서 시장 인지도가 높아지고 있기 때문에 야시장 운영 사업의 경쟁력이 충분할 것이라고 말했다. 또한 시청 측은 푸드 트럭 운영, 문화 예술 공연 실시, 주차장 정비 등을 추진할 계획이라고 밝혔다.

한울 전통 시장 측도 야시장 운영 사업이 시행될 경우 전통 시장의 가치 제고 및 발전에 기여할 것이라고 말했다. 다만 야시장 운영의 질을 관리하는 데 실패하여 점차 관광객들이 외면하고 있는 ○○ 전통 시장의 사례가 되풀이되지 않을지 걱정했다.

㉠ 전국 전통 시장 연합회 자료에 의하면 ○○ 전통 시장의 관광객 수는 야시장 운영 첫해인 2015년 이래 연평균 3%P씩 감소했다. 그에 따라 매출도 15%P 줄어들면서 내년부터는 야시장 사업 규모를 현재 수준 대비 30% 축소할 계획이다. 연합회는 특색 없는 운영, 시장 이용 불편 등을 실패 요인으로 분석하고 있다.

한울 전통 시장 측은 ○○ 전통 시장의 전철을 밟지 않도록 예상되는 문제를 최소화할 방안을 마련해 이를 시청 측과 논의할 것이라고 말했다. 양측은 세부적인 사업 추진 계획을 협의하기 위해 추가 협상을 이달 내 진행하기로 했다.

(나)

시청 측: 지난 협상 후 기사문을 통해 여러분의 입장을 확인했습니다. 성공적인 사업 진행을 위해 상인 여러분의 적극적인 협조가 필요합니다. 우선 시장 내 통행로 중앙에 푸드 트럭을 설치할 수 있는 공간을 확보해야 합니다. 이를 위해 빠른 시일 내에 물건 진열대를 모두 철수해 주십시오. ⓐ 맛있고 다양한 먹거리가 생기면 관광객들이 야시장을 많이 찾아오지 않겠습니까?

상인 측: 저희도 사업이 성공적으로 진행되기 위해 노력할 것입니다. 그러나 푸드 트럭 중심으로 야시장을 운영하려는 것을 우려하고 있는 상인들이 많습니다. 현재 시장 내에는 야간에 운영하는 가게들도 많은데, 푸드 트럭에 공간을 내주게 되면 기존 가게들이 피해를 입을 수 있습니다. 또한 푸드 트럭을 운영하는 외부인들에게만 야시장 운영의 혜택이 돌아갈 수 있어 이 사업의 취지도 무색해질 것입니다. [A]

시청 측: 이해합니다. 저희도 시장 내 모든 통행로에 푸드 트럭을 설치하려는 것은 아닙니다. 한울 전통 시장은 현재 구역별로 동일 업종의 가게들이 몰려 있습니다. 그중 식품이나 음식을 파는 구역에 푸드 트럭을 설치할 생각입니다. 또한 전체 푸드 트럭 중 15%는 시장 상인들에게 먼저 운영권을 부여하려고 합니다.

상인 측: 우리 시장에는 우리 지역에서만 맛볼 수 있는 고유한 음식들이 많습니다. 그런 음식이 이번 사업을 통해 더 많은 사람들에게 알려질 수 있도록 푸드 트럭 운영의 우선권 부여 비율을 25%로 확대해 주셨으면 좋겠습니다. [B]

시청 측: 그 정도 비율은 저희가 받아들일 수 있다고 봅니다. 대신 야시장 개장 시간을 기존에 합의했던 오후 7시보다 더 앞당겼으면 좋겠습니다.

상인 측: 야시장 개장 준비 시간까지 고려하면 상인들의 불편이 많겠지만, 30분 정도 앞당기는 것은 수용할 수 있을 것 같습니다. 다만 관광객들이 먹거리 구역에만 몰리면 상인들 간 위화감이 조성될 수 있습니다. 다른 구역도 업종의 특징을 고려하여 특색 있게 꾸민다면 관광객의 동선도 분산되고, 상인의 동참도 유도할 수 있을 것 같습니다. [C]

시청 측: 그러면 문화 예술 거리, 패션 의류 거리 등을 조성하고 예술 공연, 전시회, 패션 쇼 등 다양한 볼거리를 마련하겠습니다. ⓑ 볼거리가 많으면 다양한 연령대의 관광객들이 시장을 찾게 되면서 시장이 더 활성화되지 않을까요?

상인 측: 그것만으로는 충분하지 않습니다. 텔레비전 프로그램에도 소개되었듯이 우리 시장은 지역의 고유한 생활 문화를 잘 반영한 곳입니다. 따라서 우리 시장만의 특색과 가치가 돋보이도록 지역 문화 거리도 만들어 특산품 발굴 및 홍보 등을 지원해 주십시오. [D]

시청 측: 좋습니다. 그런 사업이라면 시 예산을 투입하여 지원할 수 있습니다. 다만 이 예산을 지출하면 관광객들의 편의를 위해 고용하려 했던 시장 안내 도우미를 쓸 수 없을 것 같은데, 이 역할을 당분간 시장 상인 연합회에서 맡아 주셨으면 좋겠습니다.

상인 측: 그렇게 하겠습니다. 그런데 야시장 운영으로 관광객이 늘어난다면 시장 일대의 주차 문제가 지금보다 훨씬 더 심각해질 것으로 보입니다. 이는 물건을 수시로 신속하게 이동해야 하는 상인들에게 매우 중요한 문제입니다. 주차장을 정비할 때 상인들을 위한 주차 공간을 별도로 확보해 주십시오.

시청 측: 상인들의 주차 공간을 확보해 주면 관광객들의 주차 공간이 턱없이 부족해집니다. ⓒ 관광객들을 위한 주차 공간을 최대한 늘린다면 주차 편의로 인해 관광객들의 시장 이용 만족도가 높아지지 않을까요?

상인 측: 그 문제는 상인들에게 양해를 구하겠습니다. 대신 온라인 전통 시장을 만들어 시장을 매번 방문할 수 없는 소비자들이 물품을 구입할 수 있도록 해 주십시오. 이를 통해 상인들의 소득이 증대된다면 야시장 운영에 대해 상인들의 적극적 동의를 얻을 수 있을 것입니다. [E]

4. 다음은 기자가 (가)를 작성하기 전 취재 계획을 메모한 것이다. (가)에 반영되지 않은 것은?

[기사 내용] 한울 전통 시장의 야시장 상설 운영 사업
[조사 방법] 관계자 취재 및 인터뷰, 관련 자료 수집

<시청 측과 상인 측 협상 취재>
- 사업 추진 목적 및 합의된 사항 ················ ①

<시청 측 담당자와의 인터뷰>
- 사업 경쟁력에 대한 판단 ················ ②
- 사업 추진 계획 ················ ③

<한울 전통 시장 상인 대표와의 인터뷰>
- 사업 추진에 따른 기대 및 우려 사항 ················ ④

<관련 기관 자료 수집>
- ○○ 전통 시장 운영과 관련된 통계 자료
- 야시장 운영으로 발생하는 문제 해결 방안 ················ ⑤

5. <보기>는 (가)의 초고 중 ㉠ 부분이다. <보기>를 ㉠과 같이 수정한 이유로 가장 적절한 것은?

< 보 기 >

○○ 전통 시장의 관광객 수는 야시장 운영 첫 해인 2015년 이래 지속적으로 감소했다. 그에 따라 매출도 많이 줄어들면서 내년부터는 야시장 사업 규모를 대폭 축소할 계획이다. 이는 특색 없는 운영, 시장 이용 불편 등이 영향을 끼친 것으로 보인다.

① 매체의 특성을 고려하여 보조 자료의 사용으로 내용 전달 효과를 높이기 위해
② 글의 특성을 고려하여 정보의 정확성을 높이고 내용의 신뢰성을 확보하기 위해
③ 글의 가독성을 고려하여 긴 문장을 짧은 문장으로 나눔으로써 간결하고 명확하게 표현하기 위해
④ 독자의 이해도를 고려하여 어려운 용어를 교체하고 인과 관계가 잘 드러나도록 정보를 배열하기 위해
⑤ 글의 통일성과 응집성을 고려하여 주제와 관련이 없는 정보를 삭제하고 맥락에 어울리지 않은 담화 표지를 수정하기 위해

6. 다음은 한울 전통 시장의 상인 대표가 협상을 준비하는 과정에서 작성한 협상 계획서의 일부이다. 이를 참고하여 [A]~[E]를 이해한 내용으로 적절하지 않은 것은?

논의할 내용	세부 내용	대응 전략
⋮	⋮	⋮
야시장 운영 방식 문제	시장 상인들이 야시장 운영에 따른 혜택을 받지 못할 것에 대한 우려 ······ ㉮	
	특정 구역에만 관광객이 집중될 것에 대한 우려 ······ ㉯	
	전통 시장의 특색이 반영되지 않을 것에 대한 우려 ······ ㉰	
시장 상인들을 위한 현안	주차 문제 해결 ······ ㉱	
	상인들의 소득 증대 ······ ㉲	
⋮	⋮	⋮

① [A]에서는 ㉮와 관련된 문제 상황을 언급하며 상대측의 요구에 대한 입장을 제시하고 있다.
② [B]에서는 ㉮와 관련된 상대측 계획에 대해 일부 내용을 조정해 줄 것을 요구하고 있다.
③ [C]에서는 ㉯와 관련된 문제의식을 드러내면서 그에 대한 대안을 제시하고 있다.
④ [D]에서는 ㉰와 관련된 상대측 의견이 지닌 장점과 단점을 비교하면서 상대측 의견에 반대하고 있다.
⑤ [E]에서는 ㉱에 대한 상대측의 입장을 수용하면서 ㉲를 위한 추가적인 요구 사항을 제시하고 있다.

7. (나)의 담화 흐름을 고려할 때, ⓐ~ⓒ의 공통점으로 가장 적절한 것은?

① 예상되는 결과를 부각하며 상대방의 동의를 유도하려는 발화이다.
② 상대방의 의견 중 이해가 되지 않은 부분에 대하여 설명을 요구하는 발화이다.
③ 상대방이 제기할 수 있는 의문점을 언급하고 그 타당성 여부를 묻는 발화이다.
④ 상대방 기대와 상반되는 상황을 제시하고 상대방에게 선택할 것을 권유하는 발화이다.
⑤ 상대방의 요구를 수용하는 데 필요한 조건을 제시하며 의견 차이를 조정하려는 발화이다.

[8～10] (가)는 학생의 일기이고, (나)는 (가)를 쓴 학생이 친구들과 함께 작성한 글의 초고이다. 물음에 답하시오.

(가)

○월 ○일

오늘 시사 토론 동아리 시간에 일정 시간 동안 학교 주변의 자동차 통행을 금지하는 제도를 주제로 하는 토론을 실시하였다. 우리나라는 초등학교 출입문에서 반경 300m 이내 도로를 스쿨 존으로 지정하여 자동차 속도 제한, 불법 주정차 금지 등을 시행하고 있지만, 여전히 스쿨 존 내에서 어린이 교통사고가 빈번하게 발생하고 있다는 것을 알게 되었다. 나는 자동차 이용자들의 불편이 있더라도 교통사고 약자인 어린이들을 위해 등하교 시간에는 스쿨 존에 차량이 통행하지 못하도록 해야 된다고 생각했다. 그래서 나와 같은 생각을 가진 친구들과 어린이 교통안전을 위해 무엇인가 해야겠다는 생각에 함께 건의문을 쓰기로 했다. 그리고 친구들과 건의문을 쓰는 방법을 찾아보기로 했다.

(나)

가람 시를 위해 헌신하시는 시장님, 안녕하세요? 저희는 □□ 고등학교 시사 토론 동아리 학생들입니다. 저희가 이렇게 글을 쓰게 된 이유는 우리 시에서 '스쿨 존 시간제 차량 통행 제한 제도'를 시행할 것을 건의하기 위해서입니다.

최근 우리 시에 있는 △△ 초등학교 인근에서 한 어린이가 하교 중에 교통사고를 당하여 크게 다친 사건이 있었습니다. 현재 도로교통법에 따라 스쿨 존을 지정하여 운영하고 있지만, ㉠ 여전히 우리 시는 어린이 교통사고가 많이 발생하고 있습니다. 이는 ㉡ 스쿨 존의 운영에도 불구하고 교통사고 발생 가능성을 완벽하게 차단할 수 없음을 보여 줍니다. 따라서 특정 시간에 스쿨 존 내 자동차 통행을 금지하는 제도를 실시해 주셨으면 합니다.

물론 제도 시행에 따른 부작용도 있을 것입니다. 특히 우리 시에 교통이 혼잡한 지역이 많다는 점을 고려할 때 ㉢ 제도를 전면적으로 시행하는 데 많은 어려움이 있을 것이라고 생각합니다. 그러나 오히려 그런 환경으로 인해 교통사고에 노출된 어린이들이 많다는 점을 고려한다면 이 제도를 조속하게 시행해야 할 것입니다. 이를 위해 우선적으로 ㉣ 제도 시행에 대한 시민들의 의견을 수렴하여 공감대를 형성해야 할 것입니다. 아무쪼록 ㉤ 예상되는 문제점을 해결할 수 있는 방안을 마련하여 '스쿨 존 시간제 차량 통행 제한 제도'를 실시해 주시기를 부탁드립니다.

끝까지 읽어 주셔서 감사합니다.

8. 작문 맥락을 고려할 때, (가)와 (나)에 대한 설명으로 적절하지 않은 것은?

① (가)는 (나)와 달리 동일한 문제에 대해 상반된 의견을 자유롭게 제시하고 있다.
② (가)는 (나)에 비해 글쓴이의 일상과 그에 대한 생각과 느낌을 기록하려는 성격이 두드러진다.
③ (나)는 (가)와 달리 글쓴이에 관한 정보와 글을 쓰는 목적을 분명하게 밝히고 있다.
④ (나)는 (가)에 비해 글을 쓰는 과정에서 글의 형식과 표현에 대한 사회적 관습의 영향을 많이 받는다.
⑤ (가)의 글쓴이와 같은 생각을 하는 사람들이 (나)의 글쓰기 과정에 공동으로 참여하고 있다.

9. <보기>는 (나)에 대한 학생들의 수정 의견이다. <보기>를 참고할 때, (나)에 추가할 내용으로 가장 적절한 것은?

< 보 기 >

초고에서는 건의 내용을 언급한 후 글을 읽어 준 것에 감사하는 끝인사로 마무리했잖아. 그런데 글의 설득력을 높이이기 위해 건의 내용을 언급한 부분 다음에 건의가 받아들여졌을 때 시청과 시민들 각각에 미치는 긍정적 효과를 직접적으로 표현하면 좋겠어.

① 스쿨 존 시간제 차량 통행 제한 제도를 시행한다면 처음에는 자동차 이용자들이 불편해 하겠지만 점차 제도 시행에 동참하는 사람들이 늘어날 것입니다.
② 스쿨 존 시간제 차량 통행 제한 제도를 시행한다면 스쿨 존 제도를 더 효과적으로 운영할 수 있으며, 시민들의 안전한 생활을 보장해 준다는 보람을 느끼게 해 줄 것입니다.
③ 스쿨 존 시간제 차량 통행 제한 제도를 시행한다면 전면 시행보다는 단계적으로 제도를 확대해 나가는 것이 교통 이용자들의 불만을 피하고 교통 혼잡을 최소화하는 데 효과적일 것입니다.
④ 스쿨 존 시간제 차량 통행 제한 제도를 시행한다면 어린이 자녀를 둔 시민들의 불안을 해소하여 삶의 만족도를 제고할 수 있으며 시 운영에 대한 시민들의 신뢰와 지지를 얻을 수 있을 것입니다.
⑤ 스쿨 존 시간제 차량 통행 제한 제도를 시행한다면 어린이 교통사고에 대한 시민들의 경각심과 안전의식을 높일 수 있으며 학생들의 학생 안전 지도에 대한 학교의 부담을 줄여 줄 수 있을 것입니다.

10. 다음은 (나)를 작성한 후 추가로 수집한 자료이다. 자료를 활용하여 (나)의 ㉠~㉤을 수정·보완하고자 할 때 적절하지 않은 것은? [3점]

㉮ **신문 기사**

◇◇ 시는 내년부터 스쿨 존 시간제 차량 통행 제한 제도를 현재 12곳에서 25곳으로 확대 적용할 것이라고 밝혔다. ◇◇ 시는 제도 시행에 앞서 2018년 1,031명의 시민이 참여한 정책 토론회를 진행하였으며, 79%의 시민들이 찬성과 동의를 얻어 2018년부터 이 제도를 운영하고 있다. 올해에는 제도 시행을 반대하는 시민들의 의견을 지속적으로 수렴 및 반영하여 제도를 보완하였다. 특히 차량 이용자의 혼란을 최소화하기 위해 스쿨 존 내 차량 통행 제한 시간대를 통일하였다. 또한 교통 혼잡이 극심한 곳은 차량 통행 제한 시간을 축소하거나, 제도 시행을 유보하는 대신 해당 도로를 일방통행로로 변경하기로 하였다.

㉯ **통계 자료**

1. 스쿨 존 내 어린이 교통사고 발생 건수

	2016년	2017년	2018년
전국	480	479	435
가람 시	18	22	26

2. 전국 스쿨 존 내 법규 위반 건수(2019년 1월~6월)

위반 내용	속도 및 신호	주정차
건수	9,624	109

㉰ **보고서**

2018년에 스쿨 존에서 발생한 교통사고 중 87%는 보행 중 발생한 사고였으며, 그중 교통안전 의식이 부족한 초등학교 1, 2학년 어린이들의 사고가 가장 많았다. 또한 학생들이 귀가하거나 학원으로 이동하는 시간대인 오후 2시에서 6시 사이에 집중적으로 발생하였다. 요일별로는 화요일과 금요일이 각각 20%로 가장 많았으며, 토요일과 일요일은 발생 건수가 7%, 5%로 가장 적었다.

① ㉠: ㉯를 참고하여 문제의 심각성을 부각하려면 전국의 경향과는 달리 우리 시에서 스쿨 존 내 어린이 교통사고가 증가하고 있다는 내용으로 수정해야겠군.
② ㉡: ㉯와 ㉰를 참고하여 건의의 필요성을 강조하려면 스쿨 존 내 교통사고 발생 가능성을 완벽하게 차단할 수 없는 이유로 운전자의 법규 위반과 어린이의 부주의를 추가로 언급해야겠군.
③ ㉢: ㉮를 참고하여 독자의 공감을 이끌어 내려면 교통 혼잡을 우려하여 제도 시행을 반대하는 사람들이 많을 것이므로 이들을 설득하는 데 많은 어려움이 있을 것이라는 내용으로 수정해야겠군.
④ ㉣: ㉮를 참고하여 건의 내용을 구체적으로 제시하려면 많은 시민들이 참여하여 제도 시행에 대한 의견을 제시할 수 있는 토론회를 개최해 달라는 내용으로 구체화해야겠군.
⑤ ㉤: ㉮와 ㉰를 참고하여 해결 방안의 실현 가능성을 강조하려면 출근 시간과 겹쳐 시민들의 불편이 예상되는 등교 시간대는 제외하고 하교 시간에 한해 스쿨 존 내 차량 통행을 제한하는 방안도 효과적일 것이라는 내용을 추가해야겠군.

11. <보기>의 ㉠~㉦에 대한 설명으로 적절하지 않은 것은?

< 보 기 >

• ㉠넓고 ㉡넓은 ㉢바닷가에 ㉣오막살이 집 한 채.
• ㉤급한 마음에 지름길만 ㉥찾는 ㉦셈이었네.

① ㉡과 달리 ㉠의 발음에서는 자음군 단순화가 일어난다.
② ㉡과 ㉣의 발음에서는 연음 현상이 공통적으로 일어난다.
③ ㉢와 ㉣의 발음에서는 된소리되기가 공통적으로 일어난다.
④ ㉤와 ㉦의 발음에서는 자음 축약이 공통적으로 일어난다.
⑤ ㉥과 ㉦의 발음에서는 비음화가 공통적으로 일어난다.

12. <보기>의 ㉠, ㉡에 들어갈 수 있는 말로 적절한 것은?

< 보 기 >

• 영수가 내게 보낸 편지에는 "이곳에서 사는 게 너무 외로워."라고 적혀 있었다.
→ 영수가 내게 보낸 편지에는 그곳에서 사는 게 너무 외롭다고 적혀 있었다.

직접 인용 표현이 사용된 문장을 간접 인용 표현이 사용된 문장으로, 혹은 그 반대로 바꿀 때는 문장 내의 여러 가지 요소들을 적절히 변화시켜야 한다. 위의 예문들을 보면 지시 대명사는 화자와의 거리에 따라 서로 다르게 사용되었음을 알 수 있다.
이를 다음 문장들에 적용해 보자.
(1) 어제 할머니께서는 "나도 떡은 뒀다가 내일 먹을 거야."라고 말씀하셨다.
(2) 영희는 숙제를 꼭 해 오겠다고 선생님께 말씀드렸다.

(1)을 간접 인용 표현이 사용된 문장으로 바꾸려면 (㉠) 바꾸어야 하고, (2)를 직접 인용 표현이 사용된 문장으로 바꾸려면 (㉡) 바꾸어야 한다.

① ㉠: 시간 표현과 관련되는 부사어 '어제'를 '오늘'로
② ㉠: 1인칭 대명사인 '나'를 재귀칭인 '당신'으로
③ ㉠: 객체 높임 표현을 위해 '먹을'을 '드실'로
④ ㉡: 인용 표현임을 표시하는 조사를 '다고'에서 '고'로
⑤ ㉡: 부사격 조사 '께'를 '에게'로

13. <보기>의 ㄱ과 ㄴ에서 공통적으로 확인할 수 있는 중세 국어의 특징으로 적절한 것은? [3점]

< 보 기 >

ㄱ. 묻ᄌᆞᄫᅩᄃᆡ(묻-+-ᄌᆞᇦ-+-오-+-ᄃᆡ) 이 ᄯᆞ리(ᄯᆞᆯ+이) 너희 죵가(죵+-가)
→ 묻되 이 딸이 너희 종인가?
ㄴ. 얻는(얻-+-는) 藥이 므스것고(므스+것+-고)
→ 얻는 약이 무엇인가?

① 객체를 높이는 선어말 어미가 쓰였다.
② 의문사가 있는 설명 의문문이 쓰였다.
③ 명사 뒤에 어미가 직접 결합된 형태가 쓰였다.
④ 우리말 체언의 종성이 뒷말에 연철되어 쓰였다.
⑤ 관형사형 어미를 통해 형성된 관형절이 쓰였다.

[14 ~ 15] 다음 글을 읽고 물음에 답하시오.

둘 이상의 형태가 하나의 형태소에 대응될 때 각각의 형태를 그 형태소의 이형태라고 한다. 예를 들어 '-었-, -았-, -였-'은 모두 과거 시제 형태소의 이형태들이다. 한 형태소의 이형태들은 상보적 분포를 보인다. 곧 어느 하나의 이형태가 나타나는 자리에는 다른 이형태가 결코 나타나지 않는다. 그리고 한 형태소에 속하는 이형태들이 구체적인 언어 환경에서 쓰일 때에는 언어적 조건에 따라 서로 교체되어 쓰인다. 이 현상을 이형태 교체라고 한다.

이형태 교체는 교체의 언어적 조건이 무엇인지에 따라 음운론적 조건에 의한 것과 형태론적 조건에 의한 것으로 나눌 수 있다. 음운론적 조건에 의해 교체되는 형태소는 음운론적 이형태라고 하는데, 그 예로는 주격 조사 '이/가', 연결 어미 '-으니/-니', 과거 시제 선어말 어미 '-었-/-았-', 명령형 어미 '-어라/-아라' 등이 있다. 이들은 선행 용언이 자음으로 끝나는지 모음으로 끝나는지에 따라, 선행 용언의 어간 끝음절에 있는 모음이 음성 모음인지 양성 모음인지에 따라 각각 달리 교체된다. 한편 형태론적 조건에 의해 교체되는 형태소는 형태론적 이형태라고 하는데, 그 예로는 과거 시제 선어말 어미 '-였-', 명령형 어미 '-너라' 등이 있다. 이들은 각각 선행 용언이 '하다'로 끝나는 용언일 때, 선행 용언이 '오다'로 끝나는 용언일 때 나타난다.

한편 이형태 교체를 ㉠자동적 교체와 ㉡비자동적 교체로 구분하기도 한다. 자동적 교체는 음운론적으로 부적격한 음의 연쇄가 초래되는 경우 규칙적으로 일어나는 교체로, 발음에 반영된다. 'ㅂ, ㄷ, ㄱ'과 같은 폐쇄음과 'ㅁ, ㄴ, ㅇ'의 비음은 연쇄가 될 수 없다. 예를 들어 '먹-'이 '-는' 앞에 올 경우, '폐쇄음(ㄱ)+비음(ㄴ)'이 적격한 음의 연쇄가 되기 위해서는 반드시 종성 'ㄱ'이 'ㅇ'으로 교체되어야 한다. 반면 비자동적 교체는 음운론적으로 부적격한 음의 연쇄가 초래되는 것은 아닌 환경에서 불규칙적으로 일어나는 교체로, 표기에 반영된다. 용언의 불규칙 활용이 대표적인 비자동적 교체에 해당한다. 예를 들어 '모르-'가 '-아' 앞에 올 경우, 음운론적으로 부적격한 음의 연쇄가 초래되지 않는다. 그럼에도 불구하고 '르'가 어미 '-아' 앞에서 'ㄹㄹ'로 교체되는 것은 비자동적 교체이다.

14. <보기>의 ⓐ~ⓓ에 대한 이해로 적절하지 않은 것은?

< 보 기 >

그가 "저기ⓐ를 보ⓑ아라. 꽃이 피ⓒ었다."라고 말하ⓓ였다.

① ⓐ가 나타나 있는 자리에 목적격 조사 '을'이 나타날 수 없겠군.
② ⓑ에 '-어라'를 쓰지 않은 것은 선행 용언의 어간 끝음절에 있는 모음이 양성 모음이기 때문이겠군.
③ ⓒ가 나타난 자리에 '-았-'이 나타나지 않은 것은 선행 용언의 어간이 모음으로 끝났기 때문이겠군.
④ ⓓ는 형태론적 조건에 의해 교체되는 형태소에 해당하겠군.
⑤ ⓒ와 ⓓ는 과거 시제 형태소의 이형태들로, 상보적 분포를 보이는군.

15. ㉠, ㉡에 해당하는 예를 바르게 짝지은 것은?

	㉠	㉡
①	'묻-'의 종성 'ㄷ'이 연결 어미 '-어' 앞에서 'ㄹ'로 교체되었다.	'푸르-'에 결합되는 연결 어미 '-어'가 '-러'로 교체되었다.
②	'묻-'의 종성 'ㄷ'이 연결 어미 '-어' 앞에서 'ㄹ'로 교체되었다.	'잡-'의 종성 'ㅂ'이 전성 어미 '-는'의 초성 'ㄴ' 앞에서 'ㅁ'으로 교체되었다.
③	'푸르-'에 결합되는 연결 어미 '-어'가 '-러'로 교체되었다.	'받-'의 종성 'ㄷ'이 전성 어미 '-는'의 초성 'ㄴ' 앞에서 'ㄴ'으로 교체되었다.
④	'잡-'의 종성 'ㅂ'이 전성 어미 '-는'의 초성 'ㄴ' 앞에서 'ㅁ'으로 교체되었다.	'받-'의 종성 'ㄷ'이 전성 어미 '-는'의 초성 'ㄴ' 앞에서 'ㄴ'으로 교체되었다.
⑤	'받-'의 종성 'ㄷ'이 전성 어미 '-는'의 초성 'ㄴ' 앞에서 'ㄴ'으로 교체되었다.	'푸르-'에 결합되는 연결 어미 '-어'가 '-러'로 교체되었다.

[16～19] 다음 글을 읽고 물음에 답하시오.

미국의 신실용주의 철학자인 리처드 로티는 서구의 문화가 신화, 철학, 종교, 그리고 과학의 시대를 지나서 문예의 시대로 진입했다고 말한다. 그는 문예의 시대에서 우리가 궁극적으로 지향해야 할 것은 자유 민주주의 사회의 발전이며, 이를 가능하게 하는 철학적 활동 방식으로 ㉠문예 비평 활동을 제시한다.

로티는 문예 비평이 현대 사회에서 철학이 수행해야 할 새로운 역할이라고 말한다. 그가 말하는 문예 비평은 언어 자체 또는 언어를 사용하는 활동에 대한 비판적인 활동을 포괄하는 개념이다. 그는 형이상학자들이 실재나 진리를 정확하게 표상할 수 있다고 믿고 이성적인 사유를 통해서 참된 진리를 얻는 데 사용한, 추론의 방식인 논증을 비판한다. 그러면서 문예 비평은 논증과 달리 창조적인 재서술을 가능하게 하는 활동임을 강조한다. 그는 인간의 이성, 사물의 본성, 객관적 진리 등의 어휘는 현재적 담론의 장에서 유용성을 잃은 도구에 불과하므로 이들에 의한 서술을 반복하는 것은 무의미하다고 말한다. 그러면서 새롭고 다양한 맥락과 시각으로 언어를 재배열하면서 새로운 어휘나 참신한 은유 등을 창안해야 한다고 말하는데, 이를 창조적인 재서술이라고 불렀다. 이때 은유란 이론, 기호나 언어 등을 사용한 모든 해석을 의미한다.

그는 이런 문예 비평 활동이 사적 영역과 공적 영역에서 각기 다른 기능을 수행한다고 본다. 사적 영역은 철학의 권위, 절대적 진리 등으로 상징되는 권위주의적 힘으로부터 해방하여 스스로 자아를 창조해 가는 영역을 의미한다. 그에 의하면 진리, 도덕, 선 등의 개념들은 존재론적으로 구분되는 것이 아니라, 인간의 실용적 목적에 따른 임의적 구별일 뿐이다. 따라서 그는 자아의 본성이라는 것이 실재하는 것이 아니라 어휘 창안의 산물에 불과하다고 본다. 그래서 그는 각자가 자신의 삶과 행동을 정당화하기 위해 가지고 있는 가치관이나 신념 등을 '마지막 어휘'라고 부르며, 이 어휘의 자율성을 강조한다. 물론 마지막 어휘는 절대적인 것이 아니며 현재의 수준에서 최종적 서술에 해당한다. 그는 마지막 어휘를 반성적으로 검토하면서도 더 나은 대안적 어휘가 나타났을 때 자신의 마지막 어휘조차도 의심할 수 있어야 한다며, 이런 사람을 '아이러니스트'라고 불렀다. 그에 의하면 아이러니스트는 우리의 가치관과 신념이 우연적이라는 것을 직시하며, 자아에 대해 창조적인 재서술을 실천한다. 즉 자아를 자유롭게 창조하기 위해서 참신한 어휘를 이용하여 자아를 재서술한다.

한편 공적 영역은 상식이 통용되고 합의에 의한 사회적 규칙이 준수되는 영역이다. 그는 공동체를 이끌어갈 원리가 어떤 보편적인 진리 위에 기초할 수 없으며, 역사적인 우연성만 가지고 있을 뿐이라고 말한다. 따라서 공적 영역에서 무엇이 옳은가 하는 문제는 이론적인 논증이 아닌 실천적인 결과로 검증될 수 있다고 본다. 그가 공적 영역에서의 지향점으로 자유 민주주의 사회의 발전을 강조한 것도 이론적 정당성 때문이 아니라 그것이 실제로 우리에게 더 나은 결과를 가져다준다고 보았기 때문이다. 그는 그동안 공적 영역에서 통용되는 질서를 제공하는 역할을 했던 철학, 종교, 과학 등의 이론은 인간을 차별하고 억압하는 기능을 수행해 왔다고 비판하며 개인의 자유와 다양성이 인정되는 사회를 만들어 가기 위한 방법으로 문예 비평 활동을 강조한다. 그에 의하면 공적 영역에서의 문예 비평 활동은 '잔인성'을 최소화할 수 있도록 타인의 고통에 대한 정서적 공감대를 확대하는 역할을 한다. 이를 위해 자유주의자들이 잔인성의 희생자들, 즉 사회적 약자들을 대변하고 그들과 연대해야 한다고 말한다. 그가 말하는 자유주의자는 타인에게 잔인한 행위를 하는 것을 가장 나쁜 짓이라고 인식하는 사람이며 타인의 고통에 대해 예민한 감수성을 지닌 사람이다. 또한 로티는 이들에 의한 문예 비평 활동이 사회 문제 해결을 위한 적절한 대안을 제시하고 사회 비판의 기능을 수행할 수 있으며 이러한 작업을 통해 공적 영역의 낡은 어휘들을 새롭게 교체할 수 있다고 본다.

로티는 사적 영역과 공적 영역을 하나의 이론으로 통합하지 않고 서로 분리하였으나 이들 간의 양립과 공존이 가능하다고 하였다. 그러면서 이상적 지식인 상으로 자유주의자와 아이러니스트가 조화를 이루는 자유주의적 아이러니스트를 제안한다.

16. 윗글에 대한 설명으로 가장 적절한 것은?

① 로티 철학이 변화하는 과정을 단계적으로 서술하고 있다.
② 로티 철학의 이론을 유형별로 분류하고 각 유형과 관련된 쟁점을 제시하고 있다.
③ 로티 철학의 성립 배경을 밝히고 로티가 계승하여 발전시킨 이론을 소개하고 있다.
④ 로티 철학에 등장하는 용어를 정의한 후 그 구체적 특성과 역할을 분석하고 있다.
⑤ 다른 이론과의 공통점과 차이점을 설명하면서 로티 철학의 의의와 한계를 평가하고 있다.

17. ㉠에 대한 이해로 적절하지 않은 것은?

① 사적 영역과 공적 영역에서 서로 다른 기능을 수행한다.
② 참된 진리를 얻기 위해 이론적으로 논증하는 활동을 비판한다.
③ 형이상학을 극복하고 최종적 서술을 확정하는 것을 목적으로 한다.
④ 새로운 어휘나 참신한 은유 등을 창안하는 창조적 작업을 가능하게 한다.
⑤ 현재적 담론의 장에서 유용성을 잃은 어휘들에 의한 서술의 반복을 거부한다.

18. 윗글을 읽은 학생이 '로티'에 대해 비판한다고 할 때, 비판 내용으로 적절한 것만을 <보기>에서 있는 대로 고른 것은?

< 보 기 >

ㄱ. 사회적 약자와 연대하기 위해서는 먼저 타인의 고통에 대해 공감할 수 있어야 할 텐데, 사회 비판을 위한 이성적 활동을 중시한 것은 모순이 아닌가?
ㄴ. 잔인성을 가장 나쁜 짓이라고 인식한다는 것은 인간의 마음에 공통된 속성이 있다는 것일 텐데, 이는 인간의 본성이 실재한다는 것을 의미하는 것이 아닌가?
ㄷ. 사적 영역과 공적 영역은 존재론적으로 구분되는 것이 아니라 임의적으로 구별되는 것일 텐데, 두 영역이 공존하는 상태가 불가능하다고 단정할 수 있는가?
ㄹ. 공적 영역의 지향점이 자유 민주주의 사회의 발전에 있다는 것은 자유 민주주의 사회를 제외한 다른 사회 체제를 인정하지 않는다는 것일 텐데, 그것은 보편적 진리를 추구하는 태도와 유사하지 않은가?

① ㄱ, ㄴ ② ㄴ, ㄹ ③ ㄷ, ㄹ
④ ㄱ, ㄴ, ㄷ ⑤ ㄴ, ㄷ, ㄹ

19. 윗글의 '로티'의 철학과 <보기>에 나타난 사상을 비교한 내용으로 적절하지 <u>않은</u> 것은? [3점]

< 보 기 >

칸트는 인간이라면 누구에게나 보편적인 도덕률이 존재한다고 보았다. 또한 그는 이성적 존재인 인간 주체는 타율에 의해서가 아니라 스스로 보편적 법칙에 따라 자발적으로 행동하려는 의지를 지니고 있다는 점에서 자율적 존재라고 본다. 한편 프로이트는 인간의 성향은 유년기의 우연적인 환경과 독특한 경험에서 기인한 것이라고 본다. 또한 그는 자아 또는 주체는 단일성이나 통일성을 갖지 않는 매우 이질적인 복합체이며, 본래 주어진 것이 아니라 사회적 질서가 요구하는 규칙을 받아들이면서 만들어진 하나의 결과물에 지나지 않는다고 본다.

① 객관적 진리의 존재를 부정하는 로티의 철학과, '보편적인 도덕률'이 존재한다고 보는 칸트의 사상은 차이점이 있군.
② 마지막 어휘가 자율성을 지닌다는 로티의 철학과, 인간을 '자율적인 존재'라고 보는 칸트의 사상은 자아가 상대성과 주관성을 지닌다고 보는 공통점이 있군.
③ 자아가 어휘 창안의 산물이라는 로티의 철학과, 자아가 '단일성이나 통일성'을 갖지 않는다는 프로이트의 사상은 자아의 본성이 실재하지 않는다고 보는 공통점이 있군.
④ 인간의 가치관이나 신념이 우연적이라는 로티의 철학과, 인간의 성향이 '우연적 환경'에서 기인한 것이라는 프로이트의 사상은 자아나 주체가 주어진 것이 아니라고 보는 공통점이 있군.
⑤ 권위주의적 힘으로부터 해방하여 자아를 자유롭게 창조할 수 있다는 로티의 철학과, 자아가 '사회적 질서가 요구하는 규칙'을 수용하면서 만들어진다는 프로이트의 사상은 차이점이 있군.

[20～24] 다음 글을 읽고 물음에 답하시오.

주택 시장은 주택의 취득, 관리, 운영, 처분의 과정에서 많은 자금을 필요로 하기 때문에 일찍부터 주택 금융 시스템이 구축되어 운영되어 왔다. 주택 금융에서 가장 기초가 되는 저당* 시장은 주택 구입 또는 주택을 담보로 한 자금 융통을 위해 대출을 실행하는 수요자와, 자금을 제공하는 금융 기관 사이에 형성된다. 주택 저당은 대출자가 이자를 부담하는 방식, 즉 금융 기관이 이자를 부과하는 방식을 기준으로 '고정 금리 대출'과 '변동 금리 대출'로 구분할 수 있다. 전자는 상환 기간 내에 이자율이 고정되는 방식이고 후자는 특정 금리에 연동시킨 이자율이 상환 기간 내에 변동되는 방식이다.

고정 금리는 기준 금리에 가산 금리를 더한 후 우대 금리를 뺀 값이다. 이때 기준 금리는 금융 기관의 자금 조달 원가, 업무 원가, 적정 이윤으로 구성된다. 기준 금리는 해당 금융 기관에서 대출하는 모든 고객에게 공통적으로 적용되지만 가산 금리와 우대 금리는 차등 적용된다. 가산 금리는 대출자의 신용 상태를 고려해 결정되며, 우대 금리는 대출자의 소득, 거래 내역, 금융 기관의 마케팅 전략 등에 따라 결정된다. 반면 변동 금리는 기준 금리에 가산 금리를 더해 결정된다. 기준 금리로는 양도성 예금 증서(CD) 금리 등이 활용된다. CD는 정기 예금에 대해 발행하는 무기명 예금 증서로 금융 시장에서 자유롭게 거래될 수 있는 증서이다. CD는 대개 3개월 단위로 발행되기 때문에 CD 금리는 시중의 단기 자금 상태를 나타내는 지표로 활용된다.

대출 금리 결정의 유불리는 상황별로 다르다. 일반적으로 금리 변동에 따른 위험을 감수하는 주체는, 고정 금리일 때는 금융 기관, 변동 금리일 때는 대출자가 된다. 그러나 어느 경우든 금융 기관은 위험을 감수해야 한다. 금융 기관이 시중 금리보다 높은 고정 금리로 대출했을 때 시중 금리가 오르면 예금 금리가 상승해 예금 금리와 대출 금리의 차에 의해 발생하는 '예대 마진'이 감소하고, 예금 금리가 대출 금리보다 높은 '역마진'이 생기면 금융 기관에 손실이 발생할 수도 있다. 변동 금리로 대출했을 때에도 금리가 오르면 금융 기관의 이자 수익이 늘어나지만 대출자의 부담이 커져 원금과 이자를 상환하지 못하는 채무 불이행이 발생할 수 있다. ㉠ <u>일반적으로 금융 기관에서는 고정 금리 대출을 실행할 때 변동 금리보다 대출 금리를 높게 설정한다</u>.

주택 저당 절차가 진행되면 금융 기관에서는 대출 한도를 결정한다. 자금을 대출하는 금융 기관에서는 대출자의 채무 불이행을 염려하는데, 이는 전 국가적 관심사이기도 하다. 전국적으로 주택 담보 대출의 규모가 크고, 가계 부실 위험으로 집단적 채무 불이행이 발생할 수 있기 때문이다. 따라서 정부는 담보인정비율(LTV)과 총부채상환비율(DTI)을 통해 대출 한도를 규제한다. LTV 규제는 주택 가치의 일정한 비율만큼을 대출 한도로 정하는 것이다. LTV는 금융 기관마다 차이가 있어 대출을 원하는 사람은 유리한 조건을 ⓐ <u>찾아</u> 금융 기관을 탐색하는데, 일반적으로 대출 한도가 크면 높은 금리를 요구한다. 다음으로 DTI 규제는 소득을 통해 빌린 돈을 갚을 능력이 있는지를 판단해 대출 한도를 규제하는 것이다. 대출자가 매기 원금 일부와 이자를 갚아 나간다고 할 때, 가령 DTI 50% 규제는 연간 상환하는 원금과 이자의 총합이 연간 고정 소득의 50% 이하여야 한다는 것을 의미한다. 따라서 대출 한도는 LTV와 DTI 그리고 현재의 주택 가치와 대출자의 고정 소득에 의해 결정된다.

대출 한도가 결정되면 대출자의 관심사는 상환 방식이 된다. 그동안 선호되던 방식은 거치식 상환이다. 이 방식은 일정 기간이 지날 때까지 이자만 내다가 그 이후에 원금을 한꺼번에 상환하는 것이다. 하지만 이 방식은 거치 기간이 끝나는 시점에 주택의 시세 차익을 노리는 사람들이 많이 활용하면서 부동산 투기와 가계 부채를 증가시키는 원인으로 지목되어, 2017년 이후에는 반드시 매기에 원금 일부를 상환하도록 하고 있다.

매기에 원금을 상환하는 방식으로는 ㉮ <u>원금균등상환방식</u>과 ㉯ <u>원리금균등상환방식</u>이 있다. 원금균등상환방식은 원금 전체를 상환 기수로 나눈 평균액과, 잔여 원금을 기준으로 책정한 이자를 함께 상환하는 방식이다. 이 방식은 원금의 일정액을 계속 갚는 것이므로 원금 잔액이 줄고 이자 부담도 갈수록 낮아진다. 매기 원금과 이자를 합한 상환액의 규모 역시 시간이 흐를수록 작아진다. 원리금균등상환방식은 원금과 이자를 합치고 이를 상환 기수로 나눈 동일한 금액을 매기에 상환하는 방식이다. 매기 상환액인 균등 원리금은 대출 원금과 금리가 정해지면 사전에 결정된다. 균등 원리금을 통해 상환하는 원금과 이자가 얼마인지를 계산할 수 있는데, 이자가 잔여 원금과 대출 금리의 곱이므로 원금 상환액은 균등 원리금에서 이자를 뺀 값이 된다. 이 방식은 원금을 상환할수록 이자 부담은 낮아지고, 균등 원리금 가운데 원금 비중이 계속 커지는 특성이 있다.

* 저당: 부동산이나 동산을 채무의 담보로 잡거나 잡히는 것.

20. 윗글을 통해 알 수 있는 내용이 <u>아닌</u> 것은?

① 시중의 단기 자금 상태는 대출 금리에 영향을 미칠 수 있다.
② 금융 기관은 마케팅 전략 상 대출자의 금리를 감면하기도 한다.
③ 대출 한도는 금융 기관이 자금을 조달하는 금리에 의해 결정된다.
④ 대출금의 거치식 상환 방식은 사회적 부작용을 일으키기도 하였다.
⑤ 금융 기관은 대출자가 채무 불이행 상태가 아니어도 손실을 볼 수 있다.

21. ㉠의 이유로 가장 적절한 것은?

① 대출자에게 보다 유리한 대출 조건을 제공하기 위해서
② 예금 금리가 대출 금리보다 낮아지는 것에 대비하기 위해서
③ 대출자의 상환 부담을 줄여 채무 불이행이 발생할 확률을 낮추기 위해서
④ 시중 금리가 올라 예대 마진이 감소하거나 역마진이 발생하는 것에 대비하기 위해서
⑤ 예금 금리와 대출 금리의 차이를 크게 하여 금융 기관의 예대 마진을 극대화하기 위해서

22. ㉮, ㉯를 비교한 내용으로 적절하지 <u>않은</u> 것은?

① ㉮는 ㉯와 달리 매기 상환하는 대출 원금의 액수가 같다.
② ㉮는 ㉯와 달리 매기 상환해야 하는 금액이 점점 줄어든다.
③ ㉯는 ㉮와 달리 매기 상환하는 금액에서 대출 원금과 이자의 비율이 변화한다.
④ ㉯는 ㉮와 달리 매기 상환하는 금액 중 이자의 액수가 대출 원금의 액수보다 크다.
⑤ ㉮와 ㉯는 모두 매기 상환하는 금액이 상환 기간 내내 증가하지는 않는다.

23. 윗글을 읽고, <보기>의 상황에 대해 설명한 내용으로 적절하지 <u>않은</u> 것은? [3점]

< 보 기 >

연간 고정 소득이 1억 원인 A 씨는 공간이 더 넓은 주택을 구매해 거주할 목적으로 현재 거주하고 있는 주택 가치 5억 원인 집을 처분하고, 현재 주택 가치 7억 원인 주택을 매입하려 하고 있다. 그래서 A 씨는 새로운 주택 매입에 필요한 자금 전액을 주택 담보 대출을 통해 확보하고, 20년 동안 원리금균등상환을 하기로 결심했다. 그리고 대출 한도를 확인하는 과정에서, 현재 LTV 60%까지 대출이 가능하며, DTI 40% 규제가 적용되고 있음을 확인하였다. 그리고 현행법상 LTV와 DTI를 모두 충족하는 한도 내에서 금리 3%로 주택 담보 대출이 가능하다는 사실을 알게 되었다.

※ A 씨는 현재 거주하는 주택 이외의 자산이 없다고 가정하며, 주택 매입에 필요한 부대비용은 고려하지 않음.

① A 씨가 매입하려는 주택의 현재 가치가 7억 원이므로 LTV 규제에 의한 최대 대출 한도는 4억 2천만 원이겠군.
② A 씨가 원리금균등상환방식에 의해 상환해야 할 총 금액은 대출 원금 2억 원에 이자 6백만 원을 합한 2억 6백만 원이겠군.
③ A 씨의 연간 고정 소득이 1억 원이므로 DTI 40% 규제를 적용할 경우 연간 상환해야 하는 원금과 이자의 총합은 4천만 원을 넘어서는 안 되겠군.
④ A 씨가 매입하려는 주택을 현재의 주택 가치 10억 원인 주택으로 변경한다고 해도 대출해야 하는 금액이 LTV 규제에 의해 결정되는 대출 한도의 범위 내에 있겠군.
⑤ A 씨가 대출 기간을 10년으로 줄이고자 한다면 LTV 규제에 의한 대출 한도는 변함이 없지만, DTI 규제에 따라 연간 상환하는 원금과 이자의 총합 한도는 두 배로 커지겠군.

24. 문맥상 의미가 ⓐ와 가장 가까운 것은?

① 강아지는 다시 생기를 <u>찾은</u> 모양이었다.
② 그는 자기 이익과 안일만을 <u>찾아</u> 다녔다.
③ 아버지께서는 은행에서 돈을 <u>찾아</u> 오셨다.
④ 그는 모르는 단어는 사전을 <u>찾아</u> 가며 공부했다.
⑤ 나는 머리가 복잡할 때마다 공원을 <u>찾곤</u> 하였다.

[25～30] 다음 글을 읽고 물음에 답하시오.

모든 물체는 물체의 표면으로부터 열을 복사한다. 복사란 에너지가 전달되는 방법으로, 분자들의 열 진동에 의해 발생되는 에너지가 전자기파의 형태로 방출되는 것이다. 전기난로나 토스터기의 코일이 주황색으로 빛을 내며 뜨거워지는 것이 여기에 해당한다. 복사 에너지(p)는 스테판의 법칙 $p=\sigma Ae T^4$에 따라 구할 수 있다. 이 공식에 따르면 물체가 복사 에너지를 방출하는 비율은 물체의 절대 온도 T의 네제곱에 비례한다. 이때 σ는 보편 상수*이며, A는 물체의 표면적을, e는 복사율을 나타낸다. 그러나 이 공식은 입사되는 모든 에너지를 흡수하는 이상적인 물체에만 적용이 된다. 현실의 물체들은 표면 특성에 따라 0에서 1 사이의 e값을 갖는다. 즉 어떤 물체가 외부로부터 에너지를 받게 되면 받는 에너지를 전부 흡수하는 것이 아니라 표면의 특성에 따라 일부는 흡수를 하고 나머지는 반사하거나 투과시킨다. 이때 표면이 흡수하는 비율을 흡수율이라고 하는데 물체의 흡수율은 복사율과 같다. 거울의 경우 광입자의 대부분을 반사하기 때문에 매우 낮은 흡수율을 가지고 있다.

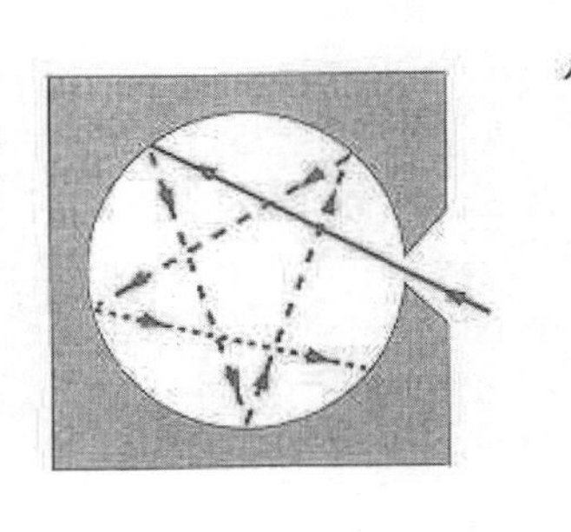
<그림 1>

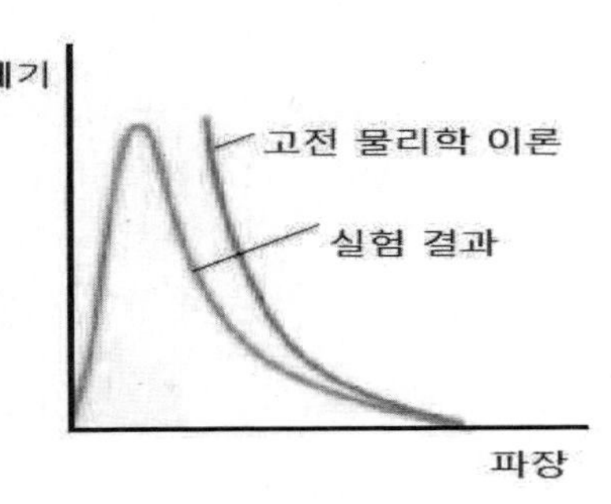

<그림 2>

<그림 1>과 같이 들어오는 모든 에너지를 흡수하는 이상적인 흡수체가 있다고 가정해 보자. 이러한 물체는 e값이 1이 될 것이며, 이 물체를 흑체라고 한다. 고전 물리학자들은 흑체에 가까운 물체를 만들기 위해 작은 구멍이 뚫린 속 빈 물체를 ⓐ생각해 냈다. 이 물체의 구멍을 통해 빛이 안으로 들어간다면 안쪽의 벽에서 여러 차례 부딪히면서 흡수되고 반사되지만 빠져나오지 못할 것이다. 이때 내부의 벽은 벽 표면의 온도에 해당하는 복사 에너지를 방출한다. 고전 물리학자들은 이 흑체가 방출하는 복사 에너지의 세기는 빛의 파장이 짧을수록 무한대에 접근할 것이라고 예측하였다. 그러나 <그림 2>에서 보는 것처럼 흑체의 복사 에너지를 측정한 결과는 고전 물리학자들의 예측과 달랐다. 빛의 파장이 짧아질수록 에너지의 세기가 커진다고 단언할 수 없었던 것이다.

고전 물리학자들은 이 결과를 설명할 수 없었다. 그러나 1900년 막스 플랑크가 이를 설명할 수 있는 ㉠새로운 이론을 내놓았다. 그는 에너지가 연속적인 값으로 존재한다는 고전 물리학의 입장을 버리고, 에너지는 어떤 불연속적인 값만 가질 수 있다는 가설을 세웠다. 그러면서 양의 정수로 된 양자수 n, 입자의 진동수를 나타내는 f, 플랑크 상수인 h를 곱하는 $E_n = nhf$의 에너지 공식을 세웠다. 공식에 따르면 n은 양의 정수이기 때문에 각 입자의 에너지는 hf, $2hf$와 같이 불연속적인 값만을 가질 수 있다. 이는 작은 양이 연속적인 형태로 출입하는 것이 아니라 정수배와 같이 일정한 크기의 덩어리 형태로 단속적으로 출입한다는 것을 의미한다.

플랑크의 양자 가설은 과학적 법칙이 기계적 인과 관계를 벗어날 수 있음을 보여준 것으로, 질서정연함, 객관성을 강조하는 고전 물리학의 인식을 전복시키는 과학적 사건이자, 양자 물리학이라는 현대 물리학의 기초를 마련한 것으로 평가된다. 자연법칙이 확정된 값이 아닌 불확실성에 의해 지배된다는 사실은 합리성, 과학적 법칙, 인과율에 의해 미래를 단 하나의 특정한 상태로 예측하는 것이 어렵다는 것을 의미한다. 과학이 세계의 불확실성이나 애매함을 인정하고 비결정론적 개연성을 받아들일 수밖에 없다는 것이다. 현대 물리학은 이러한 '불확정성 원리'를 인정하기 때문에 물체는 확정적이지 않은, 애매한 위치와 운동량을 갖는다는 점을 강조한다.

[A] 플랑크의 양자 가설로 촉발된 현대 물리학의 이러한 관점은 과학을 넘어 예술 전반에까지 영향을 미쳤다. 예술가들은 과학에서조차 법칙성이 성립하지 않는다면 예술에서 어떤 것을 객관화하고 규정화한다는 것은 불가능하다고 인식했다. 특히 문학의 한 장르인 소설에서 이러한 의식적 경향이 두드러졌다. 현실에 대한 총체적 인식을 바탕으로 현실을 있는 그대로 보여주는 서술을 지향하던 소설은 대부분 서술자가 전지적 시점을 취하며, 허구의 사건에 대해 모든 것을 알고 있는 태도로 서술이 이루어진다. 그러나 양자 가설에서 시작된 객관적 인식에 대한 부정은 소설의 현실에 대한 모사 가능성에 대한 회의를 불러일으켰다.

현대 물리학의 관점에서 보면, 인식 주체에게 객체에 대한 객관적인 인식은 근본적으로 불가능한 것이며 현실은 우리 인간이 관찰하려 할 때만 그 일부분을 보여준다. 미래에 대한 예측 또한 불가능하다. 그렇기 때문에 소설에서도 신처럼 높은 자리에 올라 모든 것을 조망하고 예견할 수 있는 전지적 서술자는 존재하기 어렵다. 이러한 점을 지적하면서 위르겐 슈람케는 서술자가 더 이상 특권적인 위치를 갖지 않으며 소설 속 등장인물과 동일한 지평에 서야 한다고 말했다. 또한 그는 작가의 대리인인 서술자는 사건이나 현실에 대해 심판하거나 논평할 수 없으며 단지 회의적 자세로 관찰하는 존재라고 하였다. 슈람케의 시각에 공감한 작가들은 소설의 한계를 절감하고 절필을 선언하거나 관념적인 문학에 침잠하기도 하였다. 물론 한쪽에서는 소설을 통해 자신이 이해한 현실을 독자들과 공유하고 소통하기 위해 노력해야 한다는 성찰적 움직임도 일어나 소설의 생산자뿐만 아니라 수용자에 대한 관심이 커지기도 하였다.

* 보편 상수: $5.6696\times10^{-8}\mathrm{W/m^2 \cdot K^4}$

25. 윗글에 대한 설명으로 가장 적절한 것은?

① 특정한 과학적 사건과 그 의미에 대해 설명하고 이 사건이 예술에 미친 영향을 밝히고 있다.
② 과학적 사건의 가치와 영향력을 설명하고 이를 증명하는 여러 가지 구체적 사례를 제시하고 있다.
③ 특정한 과학적 사실에 대한 대립적 입장을 설명하고 이를 절충해 나간 방식에 대해 소개하고 있다.
④ 과학적 사건으로 규정되기 위한 조건을 설명하고 과학적 사건과 예술적 사건을 비교하여 서술하고 있다.
⑤ 특정 과학 이론의 정립 과정을 설명하고 이 이론이 사회 제도에 미친 영향을 다양한 관점에서 분석하고 있다.

26. 윗글의 내용과 일치하지 않는 것은?

① 고전 물리학자들은 흑체 내부의 벽이 벽 표면의 온도에 해당하는 복사 에너지를 방출할 것이라고 예측하였다.
② 플랑크가 제시한 에너지 공식에 따르면 에너지는 플랑크 상수에 의해 불연속적인 값만을 가질 수 있다.
③ 고전 물리학자들은 과학적 법칙에서는 기계적 인과 관계가 성립한다고 생각하였다.
④ 전기난로가 뜨거워지는 것은 분자들의 열 진동에 의해 에너지가 방출되는 것이다.
⑤ 현대 물리학에서는 물체의 위치와 운동량이 확정적이지 않다고 본다.

27. 복사와 관련한 설명으로 적절한 것만을 있는 대로 고른 것은?

㉠ 흑체의 온도가 같다면 표면적이 작은 흑체보다 표면적이 큰 흑체의 복사 에너지가 더 클 것이다. ㉡ 온도가 같은, 현실의 두 물체는 표면 특성에 따라 복사율이 0에서 1 사이의 값을 가질 것이다. ㉢ 흑체의 흡수율은 1로, 외부로부터 받은 에너지 전부를 복사 에너지로 내보낼 것이다. ㉣ 거울의 복사율은 그와 동일한 온도와 표면적을 지닌 흑체의 복사율보다 낮을 것이다.

① ㉠, ㉡, ㉢　② ㉠, ㉡, ㉣　③ ㉠, ㉢, ㉣
④ ㉡, ㉢, ㉣　⑤ ㉠, ㉡, ㉢, ㉣

28. ㉠을 이해한 내용으로 적절하지 않은 것은?

① 고전 물리학자들의 입장을 버렸기 때문에 세울 수 있었던 가설이로군.
② 입자의 진동수와 플랑크 상수를 통해 임의의 양의 정수를 구할 수 있는 공식이로군.
③ 과학적 법칙이 불확실성이나 애매함을 지닐 수 있다는 것을 인정하는 입장이라고 할 수 있겠군.
④ 에너지는 임의의 양의 정수에 따라 일정한 크기의 덩어리 형태로만 주고받을 수 있다는 것을 의미하는군.
⑤ 빛의 파장이 가장 짧은 지점에서 흑체의 복사 에너지 세기의 최고점이 형성되지 않는 이유를 설명하려는 시도로군.

29. [A]를 바탕으로 <보기>에 대해 보인 반응으로 적절하지 않은 것은? [3점]

< 보 기 >
현대 소설은 현실에 대해 명백하게 어려운 관계를 갖는다. (...) 현대 작가들에게는 편견 없는 서술이란 더 이상 존재하지 않는다. (...) 우리들 자신은 보지만 다른 사람들은 보지 못하는 '개개의 유일한 근원 세계'는 존재한다. "우리들 개개인은 보지만 다른 사람들은 보지 못하는 '개별적 우주' (...) 이 우주는 우리들 모두에게는 사실이지만 개개인에게는 서로 다르게 보인다. (...) 더 이상 그 자체로 존재하는 외부 현실이 있는 것이 아니라, 서로가 의사소통을 하지 못하는 수많은 개인적 현실이 있는 것이다. – 위르겐 슈람케, <현대 소설의 이론>

① 현대 소설이 현실에 대해 '명백하게 어려운 관계'를 갖게 된 이유는 세계란 근본적으로 객관적인 인식이 불가능한 것이라는 생각 때문이라고 할 수 있겠군.
② '편견 없는 서술'이 존재하지 않는다고 보는 것은 소설이 현실을 있는 그대로 모사하는 것이 불가능하다는 인식을 보여주는 것이라고 할 수 있겠군.
③ '우리들 모두에게는 사실이지만 개개인에게는 서로 다르게 보'이는 '개별적 우주'라는 것은 현대 물리학의 관점에서 말하는 '불확정성의 원리'와 관련되는 것이라고 할 수 있겠군.
④ '더 이상 그 자체로 존재하는 외부 현실이 있는 것이 아니'기 때문에 현대 소설에서 모든 것을 조망하고 예견할 수 있는 서술자가 존재하는 것이 어려운 것이라고 할 수 있겠군.
⑤ '서로가 의사소통을 하지 못하는 수많은 개인적 현실'이 존재한다는 점을 인정하면서 소설의 허구성에 대한 부정과 회의가 등장한 것이라고 할 수 있겠군.

30. ⓐ와 바꿔 쓸 수 있는 말로 가장 적절한 것은?

① 고안(考案)　② 계발(啓發)　③ 제안(提案)
④ 착안(着眼)　⑤ 창립(創立)

[31 ~ 35] 다음 글을 읽고 물음에 답하시오.

(가)
부귀라 구(求)치 말고 빈천이라 염(厭)치 말아
인생 백년이 한가할사 사니 이 내 것이
백구야 날지 말아 너와 망기*하오리라
<제1곡>

천심 절벽 섯난 아래 일대 장강(一帶長江) 흘너간다
백구로 버즐 삼아 어조 생애(漁釣生涯) 늘거가니
두어라 세간 소식(世間消息) 나난 몰나 하노라
<제2곡>

[A] ┌ 보리밥 파 생채를 양(量) 맛촤 먹은 후에
모재*를 다시 쓸고 북창하(北窓下)에 누엇시니
└ 눈 압해 태공 부운*이 오락가락 하놋다

<제3곡>

공산리(空山裏) 저 가난 달에 혼자 우난 저 두견아
낙화 광풍에 어나 가지 으지하리
백조(百鳥)야 한(恨)하지 말아 내곳 설워 하노라

<제4곡>

저 가막이 즛지 말아 이 가막이 즞지 말아
야림 한연*에 날은 죠차 저물거날
어엿불사 편편 ⓐ 고봉*이 갈 바 업서 하낫다

<제5곡>

서산에 해 저 간다 고기 비 졋단 말가
죽간*을 둘너 뫼고 십리 장사(十里長沙) 나려가니
연화* 수삼 어촌(數三漁村)이 무릉인가 하노라

<제6곡>

– 권구, 「병산육곡」 –

* 망기 : 속세의 일이나 욕심을 잊음.
* 모재 : 띠로 지붕을 이은 집.
* 태공 부운 : 넓은 하늘에 떠다니는 구름.
* 야림 한연 : 들판 숲 속의 차가운 안개.
* 편편 고봉 : 훨훨 나는 외로운 봉황.
* 죽간 : 대나무 장대. 여기서는 대나무로 만든 낚싯대.
* 연화 : 인가에서 불을 때어 나는 연기라는 뜻으로, 사람이 사는 기척 또는 인가를 이르는 말.

(나)

오호라! 이 세상을 살아가는 선비가 벼슬을 하찮게 여겨 내던지고 아예 숲 속으로 숨어들고 싶겠는가? 추구하는 도(道)가 풍속과 어긋나고, 운명이 시대와 맞지 않을 때에만 고상한 생활에 몸을 던져 숲 속으로 도피한다. 그런 선택을 하는 자의 마음이 가엽다.

요순(堯舜)이 다스리던 세상에서는 요순을 임금으로 모시고 군주와 신하가 서로 화합하고 도와서 정치와 교화가 잘 펼쳐졌다. 그럼에도 소부나 허유 같은 무리가 나타나 정사를 맡으라는 더러운 소리를 들었다고 귀를 씻었고, 제 몸이 크게 더러워지기라도 한 것처럼 표주박을 나뭇가지에 걸어둔 채 세상을 버리고 떠나 버렸다. 이들은 또 무엇을 보여 주려는 것인가?

나는 어려서부터 제멋대로여서 아버지나 스승으로부터 제대로 가르침을 받지 못했고, 장성해서는 예의염치를 지키는 행실을 하지 못했다. 세상에 보탬이 못 되는 자질구레한 문장 솜씨로 젊은 시절부터 조정에 나가 벼슬을 시작했다. 그러나 거침없고 도도한 행동 탓에 권세가로부터 미움을 사서 마침내 노장(老莊)이나 불가의 무리 틈에 스스로 도피했다. 외물과 육신을 하찮게 여기고, 잃고 얻는 문제를 똑같이 보는 태도를 고상하게 보았다. 세상사에 휩쓸려 되어 가는 대로 내맡기면서 미치광이나 망령된 자들과 어울렸다.

금년 내 나이 벌써 마흔두 살이다. 머리카락은 듬성듬성하지만 할 수 있는 일이 없다. 저물어 가는 세월은 서두르건만 이루어 놓은 공훈이나 업적이 없다. 나 자신의 꼴이 적이나 안타깝다.

그러니 제일 낫기로는 사마자미(司馬子微)나 방덕공(龐德公)처럼 산언덕이나 골짜기를 하나씩 차지하여 실컷 즐기고 마음먹은 대로 사는 것이지만 그렇게 하지 못했다. 그다음 낫기로는 상자평(向子平)이나 도홍경(陶弘景)처럼 자식을 다 키워 낸 뒤 멀리 은둔하거나 벼슬을 사직하고 영구히 속세를 떠나는 것이지만 그렇게도 하지 못했다. 가장 못하기로는 사강락(謝康樂)이나 백향산(白香山)처럼 벼슬아치들과 뒹굴다가 산수에 오만한 기분을 푸는 것이지만 그렇게도 하지 못했다.

오히려 반대로 권세를 좇는 길 위에서 허둥대느라 한 해 내내 한가로운 때가 없었다. 털끝만 한 이익이나 손해에 넋은 경황이 없었고, 모기나 파리 같은 자들의 칭찬이나 비방에 마음은 요동을 쳤다. 걸음을 멈칫거리고 숨을 죽이면서 함정에 빠지지 않도록 조바심을 냈다. 큰 기러기가 높이 날고 ⓑ 봉황이 솟아오르며 매미가 허물 벗듯이 시원스럽게 혼탁한 속세를 벗어났던 옛날의 현자와 나 자신을 비교해 보았다. 지혜롭고 어리석기가 하늘과 땅 차이보다 훨씬 더 컸다.

근래에는 병으로 휴가를 얻어 두문불출했다. 우연히 유의경과 하양준이 편찬한 『세설신어(世說新語)』의 「서일전(棲逸傳)」과 여조겸의 『와유록(臥遊錄)』, 도목의 『옥호빙(玉壺氷)』을 읽었다. 쓸쓸하고도 소탈한 심경을 담아낸 글이 가슴에 확 와 닿았다. 마침내 네 분이 간단간단하게 쓴 글을 모으고, 내가 사이사이에 보았거나 기억하고 있던 내용을 덧붙여 책 한 권으로 편찬했다. 또 옛사람의 시부(詩賦)나 잡문 가운데 한가로움과 편안함을 묘사한 글을 가져와 후집(後集)을 만들었다. 모두 10편으로 『한정록(閑情錄)』이라 이름을 붙였으니 이것으로 나 자신의 마음을 씻어 반성하려 한다.

나는 재주가 모자라서 미처 도(道)를 듣지 못했다. 그러나 성인이 다스리는 세상에 태어나 관직은 고위 벼슬아치요, 직책은 임금님의 교서를 짓는 자리에 있다. 어찌 감히 소부나 허유의 자취를 따르고자 요순 같은 임금님과 결별하는 짓을 모질게 해 치우고 고상한 척하겠는가?

다만 시대와 운명에 부합하지 않아서 옛사람이 탄식한 점과 비슷한 구석이 있다. 아직 몸이 건강할 때 조정에서 물러나기를 청하여 내게 주어진 천수(天壽)를 누릴 수만 있다면 그보다 더 큰 행복이 없겠다. 훗날 숲 아래에서 세상을 버리고 속세와 인연을 끊은 선비를 만나게 되거든 이 책을 내어 놓고 서로 논평하며 읽고 싶다. 그렇게 하면서 처음 먹은 마음을 저버리지 않기를 바란다.

– 허균, 「한정록서(閑情錄序)」 –

31. (가)와 (나)에 대한 설명으로 적절한 것은?

① (가)와 달리 (나)는 회고적 진술을 통해 과거의 삶에 대한 회의를 드러내고 있다.
② (가)와 달리 (나)는 명령형 문장을 통해 대상에 대한 단호한 태도를 표현하고 있다.
③ (나)와 달리 (가)는 설의적 표현을 통해 말하고자 하는 바를 강조하고 있다.
④ (나)와 달리 (가)는 반어법을 통해 절망적 상황에 대한 극복 의지를 부각하고 있다.
⑤ (가)와 (나) 모두 영탄법을 통해 자연을 예찬하고 있다.

32. <보기>를 참고할 때, (가)에 대한 감상으로 적절하지 않은 것은? [3점]

< 보 기 >

「병산육곡」은 평생 벼슬을 하지 않고 유유자적한 삶을 살았던 권구가 지은 연시조이다. 그는 물가 마을과 육지를 주된 시적 공간으로 삼아 자연 속에서 살아가는 만족감을 노래하는 한편, 혼탁했던 당대의 정치 현실과 그에 대한 자신의 인식을 상징적으로 드러내기도 한다.

① <제1곡>의 초장에서는 가난에 구애됨 없이 유유자적한 삶을 추구했던 작가의 모습을 볼 수 있군.
② <제2곡>의 종장에는 평생 벼슬을 하지 못해 세상의 일에서 소외될 수밖에 없다는 작가의 인식이 드러나 있군.
③ <제4곡>의 중장에서 작가는 자연 현상을 통해 혼탁했던 당대의 사회상을 상징적으로 표현하고 있군.
④ <제5곡>의 초장에는 정치 현실을 어지럽히는 세력에 대한 작가의 부정적 태도가 반영되어 있군.
⑤ <제6곡>의 종장에는 시적 공간인 물가 마을에서의 삶에 대한 작가의 만족감이 드러나 있군.

33. [A]와 <보기>를 비교한 것으로 적절하지 않은 것은?

< 보 기 >

보리밥 풋ᄂᆞ물을 알마초 머근 후에
바횟긋 믉ᄀᆞ의 슬ᄏᆞ지 노니노라
그 나믄 녀나믄 일이야 부롤 줄이 이시랴
– 윤선도, 「만흥(漫興)」 중 <제3수>

① <보기>와 달리 [A]는 자연의 풍광 묘사를 포함하고 있다.
② <보기>와 달리 [A]에는 유흥의 공간이 아닌 주거의 공간이 등장하고 있다.
③ [A]와 달리 <보기>에는 이상향에 대한 화자의 지향이 명시되어 있다.
④ [A]와 달리 <보기>에는 세속적 가치에 대한 화자의 태도가 직접 언급되어 있다.
⑤ [A]와 <보기> 모두 화자의 소박한 일상생활을 엿볼 수 있다.

34. ⓐ와 ⓑ를 비교한 내용으로 가장 적절한 것은?

① ⓐ는 화자가 부러워하는 대상이고, ⓑ는 화자가 증오하는 대상이다.
② ⓐ는 화자와 상반되는 처지에 있는 대상이고, ⓑ는 화자가 동일시하는 대상이다.
③ ⓐ는 화자가 연민을 느끼는 대상이고, ⓑ는 화자가 우러러보는 이를 빗댄 대상이다.
④ ⓐ는 화자가 긍정적으로 평가하는 대상이고, ⓑ는 화자가 비판하고자 하는 대상이다.
⑤ ⓐ는 화자를 곤경에 빠뜨리는 대상이고, ⓑ는 화자의 상황을 개선해 줄 수 있는 대상이다.

35. (나)의 글쓴이에 대한 설명으로 적절하지 않은 것은?

① 투병 중에 네 사람의 책을 읽고 정서적인 감동을 받았다.
② 자신이 능력에 비해 미천한 직책을 맡고 있다고 생각한다.
③ 벼슬에 오른 후 자신의 행동 방식으로 인해 권세가와 불화를 겪게 되었다.
④ 자연에서의 삶을 선택하는 이들의 부류에 등급을 매길 수 있다고 생각한다.
⑤ 기질을 따라 당장 은거를 선택하지 못하는 것은 임금을 저버릴 수 없기 때문이다.

[36 ~ 38] 다음 글을 읽고 물음에 답하시오.

[앞부분 줄거리] 판자촌 단칸방에서 생활하는 '나'는 도금 공장에 다니는 상훈을 알게 되고, 같이 살면 하룻밤에 연탄 반 장을 아낄 수 있다고 생각해 상훈과 같이 살기 시작한다. 그러던 중 아무런 예고도 없이 집을 나갔던 상훈이 어느 날 갑자기 좋은 옷을 입고 나의 방에 돌아온다.

"㉠ 웬일이야?"

나는 내가 들어도 내 목소리 같지 않은 가래가 걸린 듯한 잠긴 소리로 겨우 이렇게 말했다.

"응, 돈 갚으려고. 그때 그게 3만 얼마더라?"

그는 은행원처럼 친절하고 사무적인 태도로 말했다. 나는 내 속에서 꿈틀대던 정다운 것들이 영영 사라져 가고 있는 것처럼 느꼈다. 지독한 혼란이 왔다.

문득 그의 옷깃에서 빛나는 대학 배지가 눈에 띄었고, 방바닥에 그의 것인 듯한 술이 두꺼운 책까지 눈에 띄었다. 번개처럼 어떤 생각이 머릿속에 떠올랐다. 나는 겁먹은 소리로 악을 썼다.

"㉡ 너 미쳤니? 너 기어코 도둑질을 했구나. 해도 왕창. 그리고 가짜 대학생 짓까지. 너 정말 미쳤니?"

그러자 그게 다 나 때문인 것 같았다. 3만 원 때문에 허구한 날 들볶은 나 때문인 것 같았다. 나는 더럭 겁도 났지만 심장이 짜하도록 감동했다. 그래서 나는 잔뜩 울상을 하고 그에게 안기려고 했다. 그러나 그는 나를 고상하게 거부했다.

"㉢ 여봐, 이러지 말고 이제부터 내가 하는 소리를 정신 차리고 똑똑히 들어. 나는 미치지도 않았고 도둑놈은 더구나 아냐. 나는 부잣집 도련님이고 보시는 바와 같이 대학생이야. 아버지가 좀 별난 분이실 뿐이야. 아들자식이 너무 고생 모르고 자라는 걸 걱정하셔서 방학 동안에 어디 가서 고생 좀 실컷 하고, 돈 귀한 줄도 좀 알고 오라고 무일푼으로 나를 내쫓으셨던 거야. 알아듣겠어?"

어떻게 그걸 알아들을 수가 있단 말인가. 우리 어머니는 부자들이 얼마나 호강하며 사나에 대해 아는 척하기를 좋아했었다. 세상에 돈만 있으면 안 되는 게 없고 못 하는 게 없고, 인생의 온갖 열락이 돈 주위에 아양을 떨며 모여든다고 했다. 그렇지만 가난뱅이 짓을 장난삼아 해 보는 부자들에 대해선 들은 바가 없다.

"우리 아버진 좋은 분이야. 요즈음 세상에 보기 드문 분이지. 자식들에게 호강 대신 여러 가지 어려움을 겪게 하고 싶으셨던 거야. ㉣ 덕택에 나는 이번 방학에 아주 소중한 경험을 할 수 있었지. 돈 주고도 살 수 없는 귀한 경험이었어."

참 생각났다. 인형 옷 만드는 집 아줌마가 텔레비전 연속극 얘길 하면서, 재벌 아들이 인생 공부 삼아 물장산가 뭔가 하는 얘기를 하던 것이. 아무리 연속극이라지만 구역질나는 얘기라고 생각했다. 도대체 가난을 뭘로 알고 저희들이 희롱하려고 해. 부자들이 제 돈 갖고 무슨 짓을 하든 아랑곳할 바 아니지만 가난을 희롱하는 것만은 용서할 수 없지 않은가. 가난한 계집을 희롱하는 건 용서할 수 있다손 치더라도 가난 그 자체를 희롱하는 건 용서할 수 없다. 더군다나 내 가난은 그게 어떤 가난이라고. 내 가난은 나에게 있어서 소명(召命)이다.

"아버진 만족하고 계셔, 내가 그동안 그 지독한 생활을 잘 견딘 걸. 그래서 친구 분한테도 자식들을 그렇게 고되게 키우는 걸 권하실 모양이야. 실상 요새 사람들, 자식을 너무 연하게 키우거든."

맙소사. 이제부터 부자들 사회에선 가난 장난이 유행할 거란다. 기름진 영감님들이 모여 앉아, 자네 자식 거기 아직 안 보냈나? 웬걸, 지금 여권 수속 중이네. 누가 그까짓 미국 말인가, 빈민굴 말일세 하고.

"그래서 아버지가 기분 좋아하시는 낌새를 타 가지고 네 얘기를 했어. 이런저런 빈민굴의 비참한 실정을 말씀드리다가 대수롭지 않게 슬쩍 내비쳤지. 글쎄 하룻밤에 연탄 반 장을 아끼자고 체온을 나누기 위한 남자를 한 이불 속에 끌어들이는 여자애가 다 있더라고 말이야. 물론 끌려들어간 남자가 나였단 소리는 빼고. 그랬더니 아버지가 의외로 깊은 관심을 보이시고 집에 데려다 잔심부름이라도 시키다가 쓸 만하면 어디 야학이라도 보내자고 하시잖아. 좋은 기회야. 이 기회에 이런 끔찍한 생활을 청산해. 이건 끔찍할 뿐더러 부끄러운 생활이야. 연탄을 아끼기 위해 남자를 끌어들이는 생활을 너도 부끄러워할 줄 알아야 돼."

암, 부끄럽고말고. 부끄럽다. 부끄럽다. 부끄럽다. 당장 이 몸이 수증기처럼 사라질 수 있으면 사라지고 싶게 부끄럽다. 부끄럽다.

"자, 돈 여기 있어. 다시 데리러 올 테니 옷가지라도 준비해. 당장이라도 데려가고 싶지만 그런 꼴로 갈 순 없잖아."

나는 돈을 받아 그의 얼굴에 내동댕이치고, 그리고 그를 내쫓았다. 여섯 방의 식구들이 맨발로 뛰어나와 구경을 할 만큼 목이 터지게 악다구니를 치고 갖은 욕설을 퍼부어 그가 혼비백산해 도망치게 만들었다.

"ⓜ <u>가엾게시리, 미쳤구나.</u>"

그는 구두짝을 주섬주섬 집어 들고 도망치면서 중얼거렸지만 아마 곧 나에 대해 잊어버리게 될 것이다. 폐병쟁이를 잊어버리듯이 쉬 잊어버릴 것이다.

나는 그를 쫓아 보내고 내가 얼마나 떳떳하고 용감하게 내 가난을 지켰는지 스스로 뽐내며 내 방으로 돌아왔다. 그런데 내 방은 좀 전까지의 내 방이 아니었다. 빗발로 얼룩얼룩 얼룩진 채 한쪽이 축 처진 반자*, 군데군데 속살이 드러나 더러운 벽지, 지퍼가 고장 난 비닐 트렁크, 절뚝발이 날림 호마이카 상, 제 몸보다 더 큰 배터리와 서로 결박을 짓고 있는 낡은 트랜지스터라디오, 우그러진 양은 냄비와 양은 식기들, 이런 것들이 어제와 똑같은 자리에 있는데도 어제의 것이 아니었다. 그것들은 다만 무의미하고 추했다. 어제의 그것들은 일사불란하게 나의 가난을 구성하고 있었지만, 지금 그것들은 분해되어 추한 무용지물일 뿐이었다. 판잣집이 헐리고 나면 판잣집을 구성했던 나무 판때기, 슬레이트, 진흙덩이, 시멘트 벽돌, 문짝들이 무의미한 쓰레기 더미가 되듯 내 가난을 구성했던 내 살림살이들이 무의미하고 더러운 잡동사니가 되어 거기 내동댕이쳐져 있었다. 나는 그것들을 다시 수습할 수 있을 것 같지가 않았다. 내 방에는 이미 가난조차 없었다. 나는 상훈이가 가난을 훔쳐 갔다는 걸 비로소 깨달았다. 나는 분해서 이를 부드득 갈았다. 그러나 내 가난을, 내 가난의 의미를 무슨 수로 돌려받을 수 있을 것인가.

나는 우리 집안의 몰락 과정을 통해 부자들이 얼마나 탐욕스러운가를 알고 있는 터였다. 아흔아홉 냥 가진 놈이 한 냥을 탐내는 성미를 알고 있는 터였다. 그러나 부자들이 가난을 탐내리라고는 꿈에도 생각 못 해 본 일이었다. 그들의 빛나는 학력, 경력만 갖고는 성이 안 차 가난까지 훔쳐다가 그들의 다채로운 삶을 한층 다채롭게 할 에피소드로 삼고 싶어 한다는 건 미처 몰랐다.

나는 우리가 부자한테 모든 것을 빼앗겼을 때도 느껴 보지 못한 깜깜한 절망을 가난을 도둑맞고 나서 비로소 느꼈다. 나는 쓰레기 더미에 쓰레기를 더하듯 내 방 속에, 무의미한 황폐의 한가운데 몸을 던지고 뼈가 저린 추위에 온몸을 내맡겼다.

– 박완서, 「도둑 맞은 가난」 –

* 반자 : 지붕 밑이나 위층 바닥 밑을 편평하게 하여 치장한 각 방의 천장.

36. 윗글에 대한 이해로 적절하지 <u>않은</u> 것은?

① '나'는 자신에게 사무적으로 대하는 '상훈'에 대해 정이 사라져 감을 느꼈다.
② '나'는 부자들이 가난 경험을 한다는 내용의 연속극을 텔레비전에서 본 적이 있었다.
③ '상훈'은 자신의 아버지에게 빈민굴의 실정에 대해 말하다가 '나'에 대해 이야기하였다.
④ '상훈'은 자신의 아버지에게 '나'와 판자촌 단칸방에서 동거했던 사실을 숨겼다.
⑤ '나'는 '상훈'을 내쫓은 직후에 자신의 소명인 가난을 상훈으로부터 지켜 내었다고 여겼다.

37. <보기>를 바탕으로 할 때, 윗글을 감상한 내용으로 적절하지 <u>않은</u> 것은? [3점]

< 보 기 >

「도둑 맞은 가난」은 '가지지 못한 자'와 '가진 자'의 양자 구도를 통해 가난에 대한 인식 문제를 사실적으로 다루고 있는 작품이다. '가진 자'는 다 가졌으면서도 '가지지 못한 자'의 가난을 탐하는데, '가지지 못한 자'는 '가진 자'의 속물근성에 분노를 터뜨리며 반발한다. 이 과정에서 자신이 가난한지조차 모르고 살던 '가지지 못한 자'는 가난의 현실을 직시하게 되며 깊은 절망감과 자괴감에 빠지게 된다.

① 상훈의 아버지가 '고생 좀 실컷하고, 돈 귀한 줄도 좀 알고 오라고 무일푼으로' 상훈을 내쫓은 것에서, 가난을 탐내는 '가진 자'의 모습을 엿볼 수 있군.
② '나'가 '악다구니를 치고 갖은 욕설을 퍼부어' 상훈이 혼비백산하여 도망치게 만든 것에서, 가난을 경험으로 여기는 '가진 자'에 대한 반발 심리를 엿볼 수 있군.
③ 상훈이 '나'에게 '끔찍한 생활을 청산'하라며 돈을 주는 것에서, 가난을 돈벌이의 목적으로 삼으려는 '가진 자'의 속물근성을 확인할 수 있군.
④ '내 살림살이들이 무의미하고 더러운 잡동사니가 되어 거기 내동댕이쳐져 있었다.'라는 '나'의 서술에서, 가난한 현실을 직시하게 된 '가지지 못한 자'의 모습을 엿볼 수 있군.
⑤ '나'가 '깜깜한 절망'을 느끼며 '무의미한 황폐의 한가운데'로 몸을 던진 것에서, '가지지 못한 자'의 절망감과 자괴감을 확인할 수 있군.

38. ㉠~㉤에 대한 설명으로 적절하지 않은 것은?

① ㉠: 느닷없이 돌아온 '상훈'으로 인해 놀란 '나'의 심정이 반영되어 있다.
② ㉡: '상훈'이 남의 것을 훔치는 짓까지 했다고 판단한 '나'의 태도가 반영되어 있다.
③ ㉢: 자신의 의도를 '나'가 곡해할 것을 고심한 '상훈'의 심정이 반영되어 있다.
④ ㉣: 자신을 빈민굴에 보낸 아버지에 대해 고마워 하는 '상훈'의 태도가 반영되어 있다.
⑤ ㉤: 자신이 베푼 선의를 '나'가 거절한 것에 대해 딱하게 여기는 '상훈'의 태도가 드러나 있다.

[39～41] 다음 글을 읽고 물음에 답하시오.

(가)

강물이 풀리다니
강물은 무엇하러 또 풀리는가
우리들의 무슨 설움 무슨 기쁨 때문에
강물은 또 풀리는가

기러기같이
서리 묻은 섣달의 기러기같이
하늘의 **얼음짱** 가슴으로 깨치며
내 한평생을 울고 가려 했더니

무어라 강물은 **다시** 풀리어
이 **햇빛** 이 물결을 내게 주는가

저 민들레나 쑥잎풀 같은 것들
또 한번 고개숙여보라 함인가

황토언덕
꽃상여
떼과부의 무리들
여기 서서 **또 한번** 더 바라보라 함인가

강물이 풀리다니
강물은 무엇하러 또 풀리는가
우리들의 무슨 설움 무슨 기쁨 때문에
강물은 또 풀리는가

― 서정주, 「풀리는 한강가에서」 ―

(나)

일찍이 어머니가 나를 바다에 데려간 것은
소금기 많은 푸른 물을 보여 주기 위해서가 아니었다
바다에 뿌리 뽑혀 밀려 나간 후
꿈틀거리는 검은 **뻘밭** 때문이었다
뻘밭에 위험을 무릅쓰고 **퍼덕거리는** 것들
숨 쉬고 사는 것들의 힘을 보여 주고 싶었던 거다
먹이를 건지기 위해서는
사람들은 왜 무릎을 꺾는 것일까
깊게 허리를 굽혀야만 할까
생명이 사는 곳은 왜 저토록 **쓸쓸한 맨살**일까
일찍이 어머니가 나를 바다에 데려간 것은
저 **무위한 해조음**을 들려주기 위해서가 아니었다
물 위에 집을 짓는 새들과
각혈하듯 노을을 내뿜는 포구를 배경으로
성자처럼 뻘밭에 고개를 숙이고
먹이를 건지는 슬프고 경건한 손을 보여 주기 위해서였다

― 문정희, 「율포의 기억」 ―

39. (가)와 (나)의 공통점으로 가장 적절한 것은?

① 계절의 변화에 따라 화자의 인식이 전환되고 있다.
② 유사한 어구를 반복하여 주제 의식을 강조하고 있다.
③ 공간의 이동을 통해 시적 분위기를 변화시키고 있다.
④ 구체적인 청자를 제시하여 화자의 친밀감을 드러내고 있다.
⑤ 역설적 표현을 통해 화자의 현실 극복 의지를 나타내고 있다.

40. 이미지의 활용을 중심으로 (가)와 (나)를 감상한 내용으로 적절하지 않은 것은?

① (가)의 '서리'와 '얼음짱'은 차가운 이미지를 연상시킴으로써 화자가 느끼고 있는 고통을 환기하는 기능을 하는군.
② (가)의 '햇빛'은 따사롭고 눈부신 이미지를 환기함으로써 화자가 느끼는 고통과 부끄러움을 가중시키는 기능을 하는군.
③ (나)의 '꿈틀거리는'과 '퍼덕거리는'이라는 표현은 역동적 이미지를 환기함으로써 생명을 유지하기 위해 애쓰는 모습을 형상화한 것이군.
④ (나)의 '쓸쓸한 맨살'은 연약한 이미지를 연상시킴으로써 척박한 환경에 노출되어 고통을 감내해야 하는 생명의 모습을 형상화한 것이군.
⑤ (나)의 '각혈하듯 노을을 내뿜는'은 강렬한 붉은 색 이미지를 환기함으로써 생명의 현장에서 느낄 수 있는 고통과 치열함을 드러낸 것이군.

41. <보기>를 참고하여, (가)와 (나)를 감상한 내용으로 적절하지 않은 것은? [3점]

< 보 기 >

(가)와 (나)는 모두 화자가 경험하는 자연의 섭리를 통해 인간사의 진리에 대한 화자의 인식이 확장되는 모습을 형상화한 작품이다. (가), (나)의 화자는 불가역적으로 반복되는 자연 현상을 경험하며, 인간이 살아가는 세상도 이러한 자연의 섭리가 작용하고 있음을 깨닫게 된다.

① (가)의 얼었던 '강물'이 풀리는 현상은 화자의 의지와는 상관없이 순환하는 자연의 모습을 형상화한 것이라고 볼 수 있다.
② (가)의 '꽃상여'와 '떼과부'는 강물이 얼어붙는 현상과 대응되어 인간이 경험하게 되는 삶의 고통을 의미한다고 볼 수 있다.
③ (가)의 '다시', '또 한번'이라는 표현은 계절의 변화가 반복되는 것처럼 인간사의 희로애락이 순환한다는 화자의 깨달음을 드러낸 것이라고 볼 수 있다.
④ (나)의 '뻘밭'은 생명을 유지하기 위해 고단한 노동과 위험을 감수해야 하는 삶의 현장을 형상화한 것이라고 볼 수 있다.
⑤ (나)의 '소금기 많은 푸른 물'과 '무위한 해조음'은 변함없는 자연의 모습과 대비되는 나약한 인간의 모습을 부각하기 위해 제시한 것이라고 볼 수 있다.

[42～45] 다음 글을 읽고 물음에 답하시오.

파경이 입을 다물고 있다가 한참 후에 말했다.
"승상께서 나를 사위로 삼으신다면 내 반드시 시를 짓겠습니다."
유모가 들어가 승상에게 보고하니 승상이 성난 얼굴로 말했다.
"어찌 노비로 사위를 삼는 이치가 있겠느냐? 너의 말은 크게 잘못된 것이다. 그렇지만 딸아이의 얼굴을 그려 주었다가 시를 지은 후에는 반드시 사위로 삼으마."
유모를 시켜 나가 그 말을 파경에게 전하도록 하니, 파경이 미소를 머금으며 말하길,
"종이에 떡을 그려놓고 종일 그것을 바라본들 어찌 배가 부르겠습니까? 반드시 떡을 먹은 후에야 배가 부르다고 말할 수 있을 것입니다."
하고는 발로 함을 밀어내고 누워 말했다.
"내 비록 토막토막 갈린다 해도 시를 지을 수 없습니다."
유모가 들어가 아뢰니 승상이 입을 다물고 말을 하지 않았다.
이에 나녀가 승상에게 말했다.

[A] "지금 아버님께서 저를 사랑하시어 파경의 말을 들어주지 않는다면 뒤에 반드시 후회할 일이 있을 것입니다. 원하건대 파경의 말을 좇아 부모님께서 오래도록 부귀를 누리시는 것 또한 영광스러운 일 아니겠습니까? 예부터 지금에 이르기까지 가히 아낄 바는 오직 사람의 목숨일 뿐입니다."

승상이 말하길,

[B] "착하도다, 너의 말이여. 부모의 마음으로 만약 그 아이를 배필로 삼으면 너에게 백년의 근심이 될까 두려웠기 때문에 어쩔 수 없이 거절했던 것이다. 그런데 네가 이처럼 말하니 진실로 효녀라 이를 만하다."

하고, 부인과 더불어 혼인시킬 것을 약속하였다. 이내 시비에게 물을 데워 파경의 몸을 씻겨 때를 벗기게 하고, 다시 비단 수건으로 닦도록 하였다. 그런 다음 비단옷으로 꾸며 입히고, 마침내 날을 택하여 혼례를 치렀다.
다음 날 승상이 사람을 부려 신방에 다녀오도록 하고 묻기를,
"사위가 시를 짓더냐?"
하니 대답하였다.
"종이를 벽에 발라 놓고 스스로 붓을 발가락에 끼운 채 자고 있습니다."
이때 나 승상의 딸 또한 잠시 잠이 들었다. [꿈]에 쌍룡이 하늘로부터 내려와 함 위에서 서로 벗하며, 또 오색 무늬 옷을 입은 동자 열 명이 함을 받들고 서서 노래 부르니 함이 저절로 열리려 하였다. 이윽고 오색 서기(瑞氣)가 쌍룡의 목구멍으로 나와 함 속을 꿰뚫어 비추었다. 홍의(紅衣)를 입은 청백(靑白)의 사람들이 좌우에 나열하여 어떤 자는 시를 지어 부르고 어떤 자는 붓을 쥐고 글을 쓰려고 할 때 문득 꿈에서 깨어났다. 일이 몹시 이상하여 이내 그 남편을 흔들어 깨웠다. 이에 서랑이 기지개를 켜고 일어나 즉시 시를 지어 벽에 붙인 종이 위에 큰 글씨로 쓰니 마치 용과 뱀이 꿈틀거리듯 했다. 그 시에 이르기를,

단단한 돌 안의 알은
반절은 옥 반절은 황금이라.
밤이면 시간을 알리는 새가
정을 머금은 채 소리를 토하지 못하네.

시를 다 짓자 그것을 승상에게 들여보냈다. 승상이 그것을 보고 자못 기쁜 빛을 띠면서도 믿지 못하다가, 딸이 꿈속에서 본 일에 관해 들은 후에야 그것을 믿었다.
시를 받들고 대궐에 나아가 왕에게 바치니 왕이 그것을 보고 이내 놀라며 말하길,
"경은 어떻게 알고 지었소?"
하니 승상이 대답했다.
"신이 지은 것이 아니라 신의 사위가 지었습니다. 그렇기 때문에 신은 그 시가 어떻게 지어진 것인지 모릅니다."
신라 왕은 마침내 사자(使者)를 보내 그 시를 황제에게 바쳤다. 황제가 그 시를 보더니 한참 있다가 말하였다.
"알이라고 운운한 것은 옳도다."
이내 함을 쪼개어 보니 그 안에 싸 놓았던 알이 부화하여 이미 새끼가 되어 있었다. 그제야 '정을 머금은 채 소리를 토하지 못하네'라는 구절을 이해하게 된 황제가 감탄하며 말하길,
"천하의 기재(奇才)로다."
하고 학사들을 불러 그 시를 보여 주니 칭찬하지 않는 자가 없었다.

[중략 부분 줄거리] 중국 황제는 시를 써서 문제를 맞힌 파경(최치원)이 장차 중국에 위협이 될 것을 우려하여 그를 죽이려고 중국으로 부른다. 최치원은 50자나 되는 긴 모자를 마련하여 중국으로 떠난다.

이때 황제가 최 문장이 도달했다는 말을 듣고 그를 속이고자 하여 삼문(三門) 안에 몇 길이나 되는 깊은 구덩이를 파고 악사로 하여금 그 안에 매복하게 하고 경계하여 말했다.
"만약 최 문장이 들어오면 일제히 음악을 연주하여 그 소리가 그의 마음을 어지럽히도록 하여라."
또 사문(四門) 안에는 장막을 설치하여 코끼리와 사람을 장막 안에 매복시킨 다음 치원을 불렀다. 이에 치원이 느린 걸음으로 문에 들어서니 쓰고 있던 모자가 문에 닿았다. 치원이 탄식하며 말하길,
"비록 우리 소국의 문이라도 내 모자가 닿지 않았건만 하물며 대국의 문에 내 모자가 닿는단 말인가?"
하고 오래도록 들어가지 않았다.
황제가 그 말을 듣고 몹시 부끄러워하며 즉시 그 문을 부수게 한 연후에 다시 불렀다. 그러자 치원이 문에 들어섰다. 얼마 안 있어 지하에서 음악을 연주하는 소리가 들려 즉시 청색 부적을 던지니 그 소리가 조용하게 그쳤다. 삼문에 이르니 또 음악 소리가 들려 흰색 부적을 던지자 그 소리가 곧 그쳤다. 사문에 이르니 흰 코끼리가 장막 안에 숨어 있는 것이 보였다. 치원이 황색 부적을 던지자 그 부적이 변해 누런 벌이 되어 코끼리 입을 둘러싸니 코끼리가 감히 입을 열지 못했다. 그래서 무사히 들어갈 수 있었다.
이때 황제는 치원이 중문(重門)을 아무런 재앙 없이 들어왔다는 말을 듣고 크게 놀라 말했다.
"이는 진실로 천지(天地)가 알고 있는 사람이다."
치원이 오문(五門)에 이르니 학사들이 좌우로 나열해 서서 서로 경쟁하듯 질문을 던졌다. 치원이 이에 응답하지 않고 오직 시를 지어 주었는데, 대개 경각지간(頃刻之間)에 지은 시가 다 기억할 수 없을 정도로 많자, 학사들이 감히 다시 말을 하지 못했다.

– 작자 미상, 「최고운전」 –

42. 윗글에 대한 이해로 적절하지 않은 것은?

① 시를 받아 본 왕은 처음에는 그 시를 지은 사람이 승상인 줄 알았다.
② 황제는 함 속의 알이 부화하여 새끼가 되었음을 들어 치원의 시가 오류임을 지적했다.
③ 승상은 딸의 혼례 바로 다음 날에도 치원의 시 창작 여부에 제일 먼저 관심을 보였다.
④ 치원이 모자가 문에 닿는다며 들어가지 않자 자존심이 상한 황제는 문을 부수라고 명령했다.
⑤ 치원의 요구를 전해들은 승상은 일단 사리를 들어 꾸짖은 후에 그에게 요구 수용의 조건을 제시했다.

43. <보기>를 참고하여 윗글을 감상한 내용으로 적절하지 않은 것은? [3점]

< 보 기 >

「최고운전」은 실존 인물 최치원의 일생을 허구화한, 전기적(傳奇的) 성격의 영웅 소설이다. 무예에 능통한 장수가 등장하는 대부분의 영웅 소설과 달리 문재(文才)가 뛰어난 선비의 활약을 그린 이 작품에는 임병양란(壬丙兩亂) 이후 중국에 대한 반감이 고조되어 있던 상황에서 주인공을 통해 민족적 우월감을 과시하고 싶었던 민중의 욕망이 반영되어 있다. 또 양란에 제대로 대처하지 못했던 당시 지배층에 대해 갖게 된 비판적 인식 역시 엿볼 수 있다.

① 부적을 던져서 난관을 헤쳐 나가는 치원의 모습은 작품의 전기적 요소에 해당하는 것이겠군.
② 치원이 순식간에 수많은 시를 지어 낸 것은 문재가 뛰어난 선비의 활약상을 드러낸 것이겠군.
③ 황제와 학사들이 치원의 시에 경탄하는 것은 민족적 우월감을 과시하려는 민중의 욕망이 반영된 것이겠군.
④ 노비인 치원에게 의존하여 문제를 해결하려는 승상의 모습은 당대 지배층의 무능에 대한 비판적 인식을 드러낸 것이겠군.
⑤ 치원이 발로 함을 밀어내며 죽는 한이 있더라도 시를 짓지 않겠다고 한 것은 중국에 대한 민중의 반감을 나타낸 것이겠군.

44. [A], [B]에 대한 분석으로 가장 적절한 것은?

① [A]와 달리 [B]에서는 상대의 발화에 대한 주관적 가치 평가를 제시하고 있다.
② [A]와 달리 [B]에서는 자신이 가장 중요히 여기는 가치를 언급하며 주장을 관철하고 있다.
③ [B]와 달리 [A]에서는 지금까지 상대에게 숨겨 왔던 진심을 털어놓고 있다.
④ [B]와 달리 [A]에서는 자신의 과거 경험을 들어 상대의 마음을 위로하고 있다.
⑤ [A]와 [B] 모두 자신이 상대에게 요구하는 바를 명시적으로 거론하고 있다.

45. 윗글의 꿈에 대한 설명으로 적절한 것만을 있는 대로 고른 것은?

㉠ 치원이 시를 짓는 데 영감을 제공해 준다.
㉡ 승상의 딸에게 미래의 사건에 관해 예언해 준다.
㉢ 치원이 지은 시에 대해 승상이 확신하는 근거가 된다.
㉣ 치원의 시가 초월적 세계와 연관된 신이한 것임을 암시한다.

① ㉠, ㉡　② ㉡, ㉢　③ ㉢, ㉣
④ ㉠, ㉡, ㉣　⑤ ㉡, ㉢, ㉣

※ 확인 사항
◦ 답안지의 해당란에 필요한 내용을 정확히 기입(표기)했는지 확인하시오.

2019학년도 스핑크스 국어 영역 제1회 정답 및 해설

정 답

1	④	2	⑤	3	⑤	4	③	5	③
6	②	7	④	8	③	9	③	10	②
11	⑤	12	③	13	①	14	①	15	④
16	①	17	②	18	②	19	⑤	20	①
21	④	22	③	23	②	24	④	25	④
26	④	27	③	28	⑤	29	④	30	⑤
31	②	32	①	33	④	34	②	35	③
36	④	37	②	38	③	39	⑤	40	⑤
41	⑤	42	④	43	②	44	④	45	④

해 설

1. 말하기 전략에 대한 이해 답 ④

해 '(청중의 질문을 듣고) 아, 도기와 토기가 다른 것인지 궁금했군요.'라는 부분에서 알 수 있듯이, 발표자는 발표 내용에 대해 궁금해 하는 청중의 질문을 파악하고 있다. 또한 '도기 중에서 유약을 입히지 않은 것을 토기라고 부르는 경우가 있는데, 이는 일본식 용어입니다. 우리나라에서는 유약과 상관없이 진흙으로 만든 것은 모두 도기라고 합니다.'라고 답하며 정보를 추가하여 설명하고 있다.

오 ① '한국사 시간에 배웠던 '고려청자'를 기억하나요?'에서 알 수 있듯이 발표자는 청중의 경험을 환기하는 질문을 사용하고는 있으나, 발표 주제 선정의 동기를 밝히고 있지는 있다.

② 발표자는 전문가의 말을 인용하지 않고 있으며, 청중의 상식이 잘못되었음을 지적하고 있지도 않다.

③ 청중에게 친숙한 대상에 비유하여 용어 개념을 설명하고 있지 않다.

⑤ 발표자는 발표를 마무리하면서 발표의 내용을 정리하고 청중에게 발표 내용과 관련된 추가적인 조사를 권유하고 있다. 그러나 발표 내용에 대한 청중의 이해 정도를 확인하고 있지는 않다.

2. 자료 활용 계획의 적절성 판단 답 ⑤

해 발표의 내용으로 볼 때, ㄱ은 한국의 발, ㄴ은 일본의 질그릇, ㄷ은 중국의 질그릇, ㄹ은 한국의 호에 해당한다. 발표자는 화면 4에 우리나라의 발과 호, 중국과 일본의 질그릇 사진을 대조하여 제시함으로써 우리 질그릇이 가지고 있는 곡선의 아름다움을 강조하고 있다. 따라서 화면 4에 ㄱ~ㄹ을 모두 배치하여 우리나라 도기의 곡선이 지닌 미적 특징을 강조했다는 진술은 적절하다.

오 ① 발표자는 화면 1에서 한국의 발 사진을 제시하며, 발의 모양과 형태에 대해 설명하고 있다. 따라서 한국의 발인 ㄱ과 일본의 질그릇인 ㄴ을 함께 배치하여, 용도에 따른 도기 모양의 차이점을 강조했다는 진술은 적절하지 않다.

② 발표자는 화면 2에서 한국의 호 사진을 제시하며, 호의 모양과 형태에 대해 설명하고 있다. 따라서 한국의 발인 ㄱ과 한국의 호인 ㄹ을 함께 배치하여 시대에 따른 질그릇의 형태 변화 양상을 부각했다는 진술은 적절하지 않다.

③ 발표자는 화면 3에서 중국과 일본의 질그릇 사진을 함께 제시하며, 그 모양이나 무늬 등의 특징에 대해 설명하고 있다. 화면에 일본의 질그릇인 ㄴ과 중국의 질그릇인 ㄷ을 배치했다는 진술은 적절하나, 도기에 나타난 무늬와 장식의 유사성을 부각했다는 진술은 적절하지 않다.

④ 발표자는 화면 3에서 중국과 일본의 질그릇 사진을 함께 제시하며, 그 모양이나 무늬 등의 특징에 대해 설명하고 있다. 따라서 일본의 질그릇인 ㄴ과 한국의 호인 ㄹ을 함께 배치하여 중국과 일본의 도기 형태가 우리나라 도기에 미친 영향을 부각했다는 진술은 적절하지 않다.

3. 듣기 활동에 대한 이해 답 ⑤

해 '청자 2'는 자신의 경험을 바탕으로 기능에 따라 질그릇의 형태가 다양했다는 사실을 떠올리고 있다. 발표에서도 삼국 시대에 이르러 제사 의례가 다양해지면서 새로운 형태의 질그릇이 만들어졌다는 내용이 제시되어 있다. 따라서 '청자 2'의 생각이 발표 내용에 대해 의문을 제기한 것으로 볼 수 없다. 또한 '청자 3'도 '우리나라의 질그릇에 그려진 기하학적 무늬는 어떤 특징을 지니고 있을까?'라고 생각하며 발표 내용을 바탕으로 추가적인 정보를 궁금해 하고 있을 뿐, 발표 내용에 대해 의문을 제기하고 있지는 않다.

오 ① '도자기가 도기와 자기를 함께 가리키는 말이었다니, 놀랍군.'이라는 생각으로 볼 때, '청자 1'은 발표를 통해 알게 된 새로운 정보를 파악하고 있다.

② '얼마 전 도자기 박물관에서 질그릇을 직접 봤는데, 기능에 따라 형태가 다양했어.'라는 생각은 발표 내용과 관련된 경험을 떠올린 것에 해당한다. 또한 '나도 발표자처럼 우리나라 질그릇이 단아한 아름다움을 지니고 있다고 생각했어.'라는 생각은 발표자의 견해에 동조하는 것에 해당한다.

③ '발표자가 말한 대로 한국, 중국, 일본 자기의 무늬 특징을 비교해 보면 재미있을 것 같아.'라는 생각으로 볼 때, 청자 3은 발표자가 발표를 마무리하며 제안한 내용에 대해 긍정적으로 수용하고 있다.

④ 청자 1은 '조선백자는 도토로 만들었을지, 자토로 만들었을지 궁금하군.'이라는 생각을 하고 있는데, 이는 발표에서 직접 언급되지 않은 내용을 궁금해 하는 것이다. '청자 3'은 '우리나라의 질그릇에 그려진 기하학적 무늬는 어떤 특징을 지니고 있을까?'라고 생각하고 있는데, 이것도 발표에서 언급되지 않은 내용을 궁금해 하는 것이다.

4. 회의 참가자의 말하기 과정 분석 답 ③

해 [B]에서 학생 2가 구체적인 근거를 제시하며 찬성한 것은 학생 1의 제안이 아니라 학생 3의 제안이다.

오 ① [A]에서 학생 1은 문화 공연 시간을 줄이고 한국 학생들의 학교생활을 시각 자료를 활용해 발표하자는 학생 3의 제안과 관련하여, 중국 자매학교 학생회에 제안하여 중국 학생들의 학교생활도 발표하자는 추가적인 방안을 제시하고 있다.

② [A]에서 학생 3은 중국 학생들을 학교 수업에 동참시키자는 학생 2의 제안에 대해 교류회에 참가하지 않는 학생들의 수업을 방해할 수 있고 수업 준비를 해야 하는 선생님들의 부담이 될 수 있다고 언급하고 있다. 그러므로 학생 3은 학생 2의 제안이 실현되었을 때 나타날 수 있는 문제점을 언급하고 있다고 볼 수 있다.

④ [B]에서 학생 3은 점심시간 전에 문화공연과 학교생활 발표가 끝나면 교정과 복도를 산책하는 시간을 갖자고 제안하고 있다. 그리고 이러한 제안이 실현된다면 양교 학생들이 보다 자유롭게 대화의 시간을 갖게 될 것이라며 기대 효과를 밝히고 있다.

⑤ [A]에서 학생 1은 학교생활에 대한 발표 시간을 갖자는 학생 3의 제안에 동의하고 있다. 그리고 [B]에서도 학교 산책을 통해 양교 학생들이 자유롭게 대화를 할 수 있도록 하자는 학생 3의 제안에 학생 1이 동의하고 있다.

5. 회의 참가자의 발화 의도 추론 답 ③

해 ㉠은 문화 공연 이외에 다른 프로그램을 추가하는 것이 좋을 것 같다는 내용이고, ㉡은 학생들 간에 자유롭게 교류하는 시간을 늘리는 방안을 강구하고자 하는 내용이다. 이러한 내용은 모두 학생회장이 작년 문화 교류회에 참가했던 중국 자매학교 학생들의 반응 중 아쉬웠던 부분을 보완하고자 하는 것이므로 ㉠, ㉡에 담겨 있는 전제는 중국 자매학교 학생들의 반응을 적극적으로 고려해야 한다는 것이다.

오 ① ㉠, ㉡은 모두 문화 교류회 시간이 부족하여 나타나게 된 문제에 대응하려는 발화로 볼 수 없다.

②, ⑤ ㉠은 문화 공연 이외의 다른 프로그램을 추가해야 한다는 내용이고, ㉡은 양교 학생들이 자유롭게 교류하는 시간을 늘리는 방안을 강구하자는 내용이다.

④ ㉠, ㉡ 모두 보다 많은 학생들이 문화 교류회에 참여해야 한다는 내용과는 거리가 먼 발화이다.

6. 글쓰기 표현 방식과 효과 파악 답 ②

해 (가)의 회의 내용에는 작년 문화 교류회에 대한 중국 자매학교 학생들의 반응이 제시되어 있다. 하지만 (나)에는 이러한 반응을 소개한 부분이 제시되어 있지 않다.

오 ① (나)의 2문단에는 (가)에서 거론되었던 문화 공연, 학교생활 발표, 학교 산책 등의 구체적인 행사가 순서대로 제시되어 있다.

③ (나)의 2문단에는 작년과 달리 학교생활 발표와 학교 산책 등의 프로그램 신설되었다는 내용이 언급되어 있으며, 더 유익한 교류회가 될 것이라는 전망을 제시하고 있다.

④ (나)의 3문단에 ○월 ○일(월)부터 일주일 간 학교 누리집을 통해 문화 교류회 참가 신청을 받을 예정이라는 내용이 제시되어 있다.

⑤ (나)의 3문단에 학생회에서 국내에 잘 알려진 중국 노래나 중국에 잘 알려진 K-POP 가수의 노래를 부를 수 있는 학생, 중국어 능력이 있는 학생 들이 문화 교류회 준비에 적극적으로 동참해 줄 것을 당부했다는 내용이 제시되어 있다.

7. 내용 생성 전략의 적절성 답 ④

해 <보기>에 따르면, ㉮에는 문화 교류회가 독자들에게 어떤 효과와 의미를 갖는지 밝히는 내용과 문화 교류회에 대한 관심과 참여를 당부하는 학생회의 입장이 드러나는 내용이 제시되어야 한다. 그러므로 문화 교류회를 통해 우리 학교 학생들이 국제화 시대에 필요한 상호 이해 정신을 기를 수 있는 좋은 기회가 될 것이라는 내용을 언급하고 문화 교류회에 적극적으로 참여해 줄 것을 당부하는 학생회의 입장이 제시된 ④번이 ㉮에 들어갈 내용으로 가장 적절하다.

오 ① 문화 교류회가 독자들에게 어떤 효과와 의미를 갖는지에 대해 밝힌 부분을 찾아볼 수 없다.

② 문화 교류회에 대한 적극적인 참여와 관심을 당부하는 학생회의 입장이 드러나 있지 않다.

③ 문화 교류회가 독자에게 어떤 효과와 의미를 갖는지에 대해 밝히지 않았고, 학생들에게 관심과 참여를 당부하는 내용도 드러나 있지 않다.

⑤ 문화 교류회가 독자들에게 어떤 효과와 의미를 갖는지 밝히지 않았다. 또 학생들의 관심과 참여를 당부하는 학생회의 입장도 잘 드러나 있지 않다.

8. 글쓰기 전략의 이해 답 ③

해 (다)에서 우리나라가 일광절약시간제를 두 차례 시행한 바 있다고 밝혔지만 우리나라가 과거에 일광절약시간제를 도입했던 이유에 대해서 제시하지는 않았다. 일광절약시간제 도입을 위해 필요한 과정 역시 나와 있지 않다.

오 ① 일부 학생들은 일광절약시간제가 무엇인지 모른다고 했으므로 (다)의 1문단에서 블랙아웃의 의미와 함께 일광절약시간제의 개념을 설명하고 있다. 일광절약시간제는 '하절기에 표준시를 1시간 앞당기는 제도'라고 언급하고 있다.

② 일광절약시간제의 목적을 모르는 학생이 있다고 했으므로 (다)에서 일광절약시간제를 '미국과 유럽 등 전 세계 70여국에서' 일광절약시간제를 '에너지 절약을 목적으로 하여' 시행하고 있다고 밝히고 있다.

④ 일광절약시간제에 대해 자신과 상반되는 견해를 가진 학생들에게 일광절약시간제 도입의 타당성을 설명해야 한다는 점을 고려하여 (다)에서는 일광절약시간제를 근로 시간 단축제와 관련지어 설명하고 있다.

⑤ 일광절약시간제에 대해 자신과 상반되는 견해를 가진 학생들에게 일광절약시간제 도입의 타당성을 설명해야 한다는 점을 고려하여 (다)에서는 일광절약시간제이 도입 논의가 재점화된 배경과 함께 일광절약시간제의 경기 부양 효과에 대해 설명하고 있다.

9. 자료 활용 방안의 적절성 파악 답 ③

해 (다)에서 '일광절약시간제의 에너지 절감 효과가 전체 에너지 사용량의 1% 안팎에 불과하다'는 입장이 있다고 밝히고 있다. 그러나 이것이 ⓒ를 구체화한 것은 아니다. ⓒ에서는 일광절약시간제를 도입하는 데 드는 예산과 에너지 절약 효과를 비교하고 있다. 전체 에너지 사용량 가운데 절약되는 에너지에 대해 말하고 있는 것이 아니다.

오 ① (다)에서는 일광절약시간제가 도입될 경우의 에너지 절약 효과와 관련하여 '우리나라의 에너지경제연구원의 보고서에서도 일광절약시간제를 도입하면 최대 1,362억원의 에너지를 절약하는 효과가 있'다고 밝히고 있다. ⓐ의 출처와 통계를 제시한 것이다.

② 이미 이 제도를 시행하고 있는 나라 중의 하나로 미국을 언급하면서 '미국의 경우, 일광절약시간제로 하루 10만 배럴의 원유를 절약하는 효과를 얻고 있다'라고 언급하고 있다.

④ ⓓ에서는 환경 문제가 세계적 과제라는 점을 밝히고 있다. (다)에서는 이와 관련하여 '환경을 지속가능하도록 보호하는 것이 세계적 과제인 현 상황에서 일광절약시간제가 조금이라도 에너지 절약에 효과가 있다면 그것만으로도 충분히 도입할 가치가 있다.'라고 밝히고 있다.

⑤ ⓔ에 제시된 전문가들의 상반된 의견 가운데, 일광절약시간제가 사회적 차원에서 유의미한 제도라는 의견을 선택하여 (다)에서는 일광절약시간제가 복지에도 기여하는 바가 크다고 밝히고 있다.

10. 조건에 맞는 글쓰기 답 ②

해 <보기>에서는 우리나라가 저성장의 궤도에 들어선 것이 소비 부진 때문이 아니라 구조적 문제 때문이라고 말하고 있다. 근본적인 경제 변화를 시도해야 한다는 것이다. 이러한 입장에서 [A]를 비판한다면 일광절약시간제는 경기 침체를 해소할 수 있는 근본적인 방안이 아니라는 점을 언급할 수 있다.

오 ① <보기>는 일광절약시간제를 시행하는 데 드는 비용이 크다고 말하고 있지 않다. 일광절약시간제가 저성장의 문제를 해결하는 근본적 해결책이 아니라고 말한 것이다.

③ 장기 저성장 시대에는 구조적 변화가 필요하다고 강조하고 있다. <보기>가 일광절약시간제의 경기 부양 효과 자체를 부인한 것이 아니다.

④ <보기>는 일광절약시간제가 일방적 정책이라고 말하고 있는 것이 아니라 일광절약시간제는 근본적 문제 해결책이 아닌 미봉책에 불과하다고 말하고 있는 것이다.

⑤ <보기>에서 일광절약시간제의 제도 추진 과정에 대해 문제 삼고 있는 것은 아니다. 일광절약시간제의 파급 효과에 대한 조사가 없었다고 지적하지도 않았다.

11. 음운 변동의 이해 답 ⑤

해 '집집이'를 발음하면 [집찌비]가 된다. 여기서 둘째 음절 초성인 'ㅈ'이 'ㅉ'으로 바뀐 것은 첫 음절 종성인 'ㅂ'의 뒤에서 된소리되기(교체)가 일어났기 때문이다. 셋째 음절의 초성 'ㅂ'은 앞 음절의 종성 'ㅂ'이 연음된 것이기 때문에, 이는 음운의 변동이 아니다. 결국 '집집이'를 발음할 때는 교체가 한 번 일어나는 것이며, 전체 음운의 개수에는 변화가 없다.

오 ① ㉠의 발음은 '겹꽃잎→겹꼳입→겹꼳닙→[겹꼰닙]'의 과정을 상정할 수 있다. 이는 'ㅊ'과 'ㅍ'이 각각 'ㄷ'과 'ㅂ'으로 바뀐 음절의 끝소리 현상(두 번의 교체), 셋째 음절 초성에 'ㄴ'이 생긴 ㄴ 첨가(한 번의 첨가), 그리고 그 'ㄴ' 때문에 '꼳'의 종성이 'ㄴ'으로 바뀐 비음화(한 번의 교체)가 일어난 것이다. 따라서 교체 세 번과 첨가 한 번이 일어나서 전체 음운의 개수는 하나 늘어난다는 대답은 적절하다.

② ㉡의 발음은 '넓둥글다→넙둥글다→[넙뚱글다]'의 과정을 상정할 수 있다. 이는 자음군 단순화에 의해 첫 음절의 종성 중에서 'ㄹ'이 탈락하고, 남은 종성인 'ㅂ'에 의해 둘째 음절의 초성에서 된소리되기가 일어난 것이다. 따라서 탈락과 교체가 일어나 전체 음운의 개수가 하나 줄어든다는 대답은 적절하다.

③ ㉢의 발음은 [반짇꼬리]로, 둘째 음절의 종성인 'ㄷ' 때문에 셋째 음절의 초성이 'ㄱ'에서 'ㄲ'으로 바뀐 것이다. 이는 된소리되기(교체)이므로 전체 음운의 개수에 변화가 없다는 대답은 적절하다.

④ ㉣의 발음은 '입학식→이팍식→[이팍씩]'의 과정을 상정할 수 있다. 이는 'ㅂ'과 'ㅎ'이 'ㅍ'으로 합쳐진 거센소리되기(축약), 그리고 둘째 음절의 종성 'ㄱ' 뒤에서 셋째 음절의 초성 'ㅅ'이 'ㅆ'으로 바뀐 된소리되기(교체)이다. 따라서 축약과 교체가 각각 한 번씩 일어나서 전체 음운의 개수가 하나 줄어든다는 대답은 적절하다.

12. 단어의 구조 파악 답 ③

해 ㉠의 '꺾쇠'는 '꺾다'의 어간 '꺾-'에 명사 '쇠'가 결합한 단어로, 어근끼리의 결합이므로 합성어이다. 이때 용언의 관형사형에 명사를 결합한 것이 아니므로 단어의 형성 방식은 문장 구성 방식과 같지 않은 비통사적 합성어이다. 따라서 ㉠은 B에 들어가야 한다.

㉡의 '미닫이'는 '밀다'와 '닫다'가 결합한 비통사적 합성어 '미닫다'의 어간 '미닫-'을 어근으로 하고, 여기에 '-이'라는 접미사가 붙어 명사로 파생된 단어이다. 따라서 직접 구성 요소가 어근 '미닫-'과 접사 '-이'인 파생어이므로 A에 들어가야 한다.

㉢의 '어느새'는 관형사 '어느'에 명사 '새(사이)'가 결합한 단어로, 어근끼리의 결합이므로 합성어이며, 관형사에 명사를 결합한 것은 문장 구성 방식에도 부합하므로 통사적 합성어이다. 따라서 ㉢은 C에 들어가야 한다.

㉣의 '일어나다'는 용언 '일다'의 어간 '일-'과 용언 '나다'가 결합할 때 연결 어미 '-어'가 사용된 것이다. 따라서 통사적 합성어이므로 C에 들어가야 한다.

13. 한글 맞춤법의 실제 답 ①

해 ㉠에서 '익히'는 형용사 '익다'의 어간 '익-'에 접미사 '-히'가 붙어서 된 부사이다. 그러나 '꾸준히 준비하다.'의 '꾸준히'에서 '꾸준-'은 '꾸준하다'의 어근에 해당하며, 이 어근에 접미사 '-히'가 붙어서 '꾸준히'라는 부사가 된 경우이다. 따라서 ㉠이 아닌 ㉣의 예로 적절하다.

오 ② ㉡에서 '바둑이'는 명사 '바둑'에 접미사 '-이'가 붙어서 된 말이다. '낱낱이 훑다.'에서 '낱낱이'도 '여러 가운데의 하나하나'를 의미하는 명사인 '낱낱'에 접미사 '-이'가 붙어서 된 말이므로 '바둑이'와 동일한 규정이 적용된 것으로 볼 수 있다.

③ ㉢에서 '낚이다'는 '낚-'이라는 어근에 접미사 '-이-'가 붙어서 이루어진 말이다. '눈이 쌓이다.'의 '쌓이다'도 '쌓-'이라는 어근에 접미사 '-이-'가 붙어서 이루어진 말이므로 '낚이다'와 동일한 규정이 적용된 것으로 볼 수 있다.

④ ㉣에서 '깨끗이'는'깨끗하다'의 어근 '깨끗-'에 접미사 '-이'가 붙어서 부사가 된 경우에 해당한다. '어렴풋이 잠이 들다.'의'어렴풋이'도 '어렴풋하다'의 어근 '어렴풋-'에 접미사'-이'가 붙어 부사가 된 경우에 해당하므로 '깨끗이'와 동일한 규정이 적용된 것으로 볼 수 있다.

⑤ ㉤에서 '더욱이'는 부사 '더욱'에 접미사 '-이'가 붙어 뜻을 더한 경우에 해당한다. '콧날이 오뚝이 도드라졌다.'의 '오뚝이'는 '작은 물건이 도드라지게 높이 솟아 있는 모양'을 의미하는 부사인 '오뚝'에 접미사 '-이'가 붙어서 뜻을 더한 경우에 해당하므로 '더욱이'와 동일한 규정이 적용된 것으로 볼 수 있다.

14. 현대 국어의 피동 표현 탐구 답 ①

해 피동 표현 '문이 바람에 열렸다.'를 능동 표현으로 바꾸면 '바람이 문을 열었다.'가 된다. 그리고 피동 표현 '지진으로 길이 막혔다.'를 능동 표현으로 바꾸면 '지진이 길을 막았다.'가 된다. a, c는 모두 피동 표현의 부사어에 쓰인 체언이 주체적인 의지나 의도를 가지고 행위를 할 수 없는 경우에 해당하므로, 의인화된 표현이 아니라고 한다면 어색한 문장이다.

오 피동 표현 '보물이 땅에 묻혔다'를 능동 표현으로 바꾸면 '보물을 땅에 묻었다.'가 된다. 그리고 피동 표현 '동생이 나에게 안겼다.'를 능동 표현으로 바꾸면 '내가 동생을 안았다.'가 된다. b, d는 모두 피동 표현을 능동 표현으로 바꾸어도 어색하지 않은 문장이다.

15. 중세 국어의 피동 표현 탐구 답 ④

해 '열이고'는 능동사의 어근 끝소리가 /ㄹ/이기 때문에 어근 끝소리를 피동 접미사 '-이-'에 연철하여 '여리고'라고 표기하지 않은 것이다. 능동사 어근의 뒤에 결합된 접사의 첫소리로 인해 연철되지 않은 것이 아니다.

오 ① '숢-'은 /ㅁ/으로 끝나는 능동사 어근에 해당하므로 피동 접미사가 '-기-'가 결합된 것이다.

② 중세 국어의 피동 접미사는 어근 끝소리의 음성적인 환경에 따라서 구분되어 나타나는 변이 형태가 쓰였다. '열이고'에 '-이-'가 결합된 것은 능동사의 어근 끝소리가 '-히-'나 '-기-'가 쓰일 수 있는 음성적 환경에 해당하지 않기 때문이라 할 수 있다.

③ 능동사 '묻다'의 어근 끝소리 /ㄷ/은 거센소리 /ㅌ/을 짝으로 가진 예사소리에 해당한다. '-히-'는 /ㄱ, ㄷ, ㅂ, ㅈ/처럼, 거센소리의 짝이 있는 예사소리로 끝나는 능동사 어근의 뒤에 붙었으므로, '무틴'으로 피동 표현이 쓰인 것이다.

⑤ '노가디여'는 보조적 연결 어미 '-아'와 보조 동사 '디다'가 결합된 통사적 형태를 통해 피동 표현이 결합되었다고 볼 수 있다.

[16～19] (인문) 「퍼스의 기호학」

해제 미국의 언어학자 퍼스는 표상체와, 표상체가 지시하는 대상이 어떻게 연결되느냐에 따라 기호를 개념적으로 구분하여 도상(icon), 상징(symbol), 지표(index)로 나누었다. 우선 도상은 지시 대상과의 유사성에 기초하고 있는 기호이다. 즉, 기호의 질적 속성과 대상의 질적 속성 사이에 어떤 유사성이 발견될 때 그 기호를 도상이라 한다. 퍼스는 은유도 경우에 따라서 도상이 될 수 있다고 보았다. 한편 상징은 관습적 약속에 의해 만들어진 기호이다. 언어 기호와 지시 대상 사이에는 어떤 연관성이나 유사성이 없이 자의적 관계가 형성되며, 단지 사회문화적 약속만이 상징이 지니는 의미의 원천이 된다. 지표는 물리적 연속성이나 실제적 관계맺음, 인과관계를 통해 지시 대상을 지시하는 기호를 말한다. 퍼스에 따르면 어떤 기호를 도상으로만 파악하거나 상징 또는 지표로만 파악하는 것은 기호를 파편적으로 이해하는 것에 불과하다. 바꿔 말해 기호의 어떤 측면에 대해 기술하느냐에 따라 동일한 기호는 도상이나 상징, 혹은 지표가 될 수 있다.
주제 퍼스의 기호학: 도상, 상징, 지표
구성
1문단 : 퍼스의 기호 구분
2문단 : 도상의 기호적 특성
3문단 : 도상이 될 수 있는 은유
4문단 : 상징의 기호적 특성
5문단 : 지표의 기호적 특성
6문단 : 지표가 될 수 있는 지시 대명사
7문단 : 기호 구분의 상대성

16. 세부 내용의 이해 답 ①
해 2문단의 내용에 따르면 도상은 현존하는 지시 대상이나 해석체가 없어도 기호로 성립할 수 있음을 알 수 있다. 그리고 5문단의 내용에 따르면 지표는 해석체는 요구하지 않음을 알 수 있다.
오 ② 5문단의 내용에 따르면 지표는 퍼스 이전에 언급되지 않은 것이 사실이다. 하지만 상징은 사람들에게 비교적 익숙한 종류의 기호였음을 밝히고 있다.
③ 3문단의 내용에 따르면 퍼스는 은유는 관계적 유사성이 표상되므로 도상이라 할 수 있다고 여겼음을 알 수 있다. '그렇지 않다'고 판단한 것은 적절하지 않다.
④ 5문단의 내용에 따르면 수사학적 개념에서 볼 때 환유의 속성을 갖는 기호는 지표이다.
⑤ 1문단의 내용에 따르면 도상, 상징, 지표는 기호를 개념적으로 구분한 것이라고 할 수 있다. 다만 7문단의 내용에 따르면 도상, 상징, 지표가 항상 상호 배타적인 특성을 지닌다고 보기 어려우므로 '그렇다'고 판단한 것은 적절하지 않다.

17. 구체적 사례에의 적용 답 ②
해 ㄱ의 '차량'이 보도 사진을 접하는 사람들의 주의를 실제적으로 '연기'에 연결시켜 준다고 하더라도, 이러한 관점에서 '차량' 자체가 연기 발생에 대한 상징으로 이해된다고 할 수 없다. 참고로 6문단에 따르면 어떤 사람의 주의를 지시 대상에 실제적으로 연결시켜 주는 것과 관련된 것은 지표인데, 이 지표는 지시 대명사와 관련된 설명이다.
오 ① 지표는 물리적 연속성이나 실제적 관계맺음, 인과관계를 통해 지시 대상을 지시하는 기호를 말한다. ㄱ의 '연기'는 화재가 발생한 사건과 인과관계를 통해 연관시킬 수 있다는 점에서, '연기'는 화재 사건 발생을 지시하는 지표로 이해될 수 있다.
③ 상징은 관습적 약속에 의해 만들어진 기호로, 사회문화적 약속만이 상징이 지니는 의미의 원천이 된다. ㄴ의 '켄타우로스'를 평론가들이 사회문화적 약속에 의해 '인간의 저열한 본성'으로 해석한다는 점에서, '켄타우로스'는 상징으로 이해될 수 있다.
④ 도상은 현존하는 지시 대상이나 해석체가 없어도 기호로 성립할 수 있다. ㄴ의 '켄타우로스'가 실제로 존재하지 않는 상상 속의 대상인 반인반마를 종이에 재현했다는 점에서, '켄타우로스'는 도상으로 이해될 수 있다.
⑤ 도상은 지시 대상과의 유사성에 기초하고 있는 기호로, 기호의 질적 속성과 대상의 질적 속성 사이에 어떤 유사성이 발견된다. ㄷ의 '독도'는 우리나라에 존재하는 곳으로서 실제 대상과 형태적 유사성을 가지고 있다는 점에서, '독도'는 도상으로 이해될 수 있다.

18. 세부 내용의 추론 답 ②
해 2문단의 내용을 통해 볼 때, 도상에서 말하는 관계적 유사성은 관례적 해석이 전제되는 것이다. 또한 3문단에서 퍼스는 은유에서 관계적 유사성이 지각될 수 있기 때문에 은유도 경우에 따라서 도상이 될 수 있다고 보았다. 예를 들어 3문단에 제시된 '내 마음은 호수다.'라는 은유가 도상으로 간주될 수 있는 것은, '내 마음이 호수처럼 고요하다.'라고 해석될 수 있는 관례가 전제되기 때문이다. 만약 그러한 관례가 전제되지 않는다면 관계적 유사성을 파악해 낼 수 없어 도상으로 간주되지 않을 수 있다.
오 ① 은유는 대상의 형태를 유사하게 재현하는 것에 해당하지 않는다. 은유가 도상으로 간주되는 것은 형태적 유사성이 아닌 관계적 유사성에 의한 것으로, 은유가 도상이 되지 않는 예외를 설명하는 것과는 관련이 없다.
③ 은유는 관례적 해석이 전제되는 관계적 유사성이 있어 도상으로 간주된다. 은유가 기호와 지시 대상 사이에 어떠한 유사성도 찾아볼 수 없다는 설명은 은유를 잘못 이해한 것이다.
④ 은유가 실제로 존재하지 않는 관념을 현존하는 대상처럼 표현하는 것을 전제한다고 보기 어려우며, 그것이 은유가 도상으로 간주되지 않는 예외에 대한 이유가 된다고 보기도 어렵다.
⑤ 은유에서 기호와 대상의 질적 속성 간에 형태적 유사성이 없다는 설명은 옳지만, 그것이 모든 은유가 도상이 되는 것이 아니라는 것의 이유가 되지는 않는다. 그 이유는 관계적 유사성이 표상되는 은유인가 그렇지 않은 은유인가와 관련되는 것이기 때문이다.

19. 다른 사례와의 비교 답 ⑤
해 4문단의 내용에 따르면, 퍼스는 언어 기호와 지시 대상 사이에는 자의적 관계가 형성되며, 모든 언어 기호는 전형적인 상징에 속한다고 하였다. 하나의 표상체에 하나의 지시 대상이 존재하는 것만을 상징으로 여겼다는 설명은 적절하지 않다. 한편 <보기>에서 소쉬르는 하나의 시니피앙에 해당되는 시니피에가 다수인 것을 상징으로 여겼음을 알 수 있다.
오 ① 퍼스는 상징의 표상체와 지시 대상 간의 관계는 전적으로 해석체에 의해 구성된다고 보았다. 한편 <보기>에서 소쉬르는 상징을 해석하기 위한 별도의 개념을 설정하지는 않았음을 알 수 있다.
② 퍼스는 모든 언어 기호는 전형적인 상징에 속한다고 언급하였다. 한편 <보기>에서 소쉬르는 시니피앙과 시니피에의 관계가 암시적이고 비확정적인 것만 상징으로 보았다.
③ 퍼스는 기호와 지시 대상의 관계를 통해 상징을 설명하였다. 한편 <보기>에서 소쉬르는 시니피앙과 시니피에의 관계를 통해 상징을 설명하였다.
④ 퍼스는 상징이 관행의 산물이라고 보았다. 한편 <보기>에서 소쉬르는 상징이 확정적이지 않은 것으로 보았다.

[20～24] (사회)「펀드와 분산 투자의 원리」
해제 이 글은 펀드의 개념과 펀드의 운용 방식을 설명하면서 투자자들이 펀드를 하는 이유를 분산 투자의 원리를 통해 제시하고 있는 글이다. 펀드는 불특정한 다수의 투자자로부터 모집한 자금을 투자 업무에 정통한 전문 인력이 위임받아 투자를 진행하고 이로부터 생긴 이익을 출자금에 비례해 투자자에게 분배하는 구조의 금융 상품인데, 펀드에 가입하면 분산 투자의 효과를 거둘 수 있다. 분산 투자의 원리는 흔히 '계란을 한 바구니에 담지 마라.'라는 말로 설명되는데, 펀드가 상대적으로 안정성이 있는 투자의 방식이지만 펀드 투자에 앞서 펀드가 어떻게 설계되었는지를 살펴볼 필요가 있음을 강조하고 있다. 펀드와 관련된 다양한 정보를 담고 있는 글이라고 할 수 있다.
주제 분산 투자의 효과를 거둘 수 있는 펀드 투자
구성
1문단: 펀드의 개념과 펀드의 운용 과정
2문단: 간접 투자 상품인 펀드의 매매 기준 가격
3문단: 투자자들이 간접 투자를 하는 이유
4문단: 분산 투자의 기본 원칙

5문단: 분산 투자의 원리
6문단: 펀드의 종류에 따른 수익성과 펀드 투자의 유의점

20. 글의 내용에 대한 사실적 이해 답 ①
해 2문단에 따르면 펀드의 순자산 가치는 현재의 시장 가치이다. 즉 시장 상황에 따라 펀드의 순자산 가치가 결정되는 것이다. 펀드 모집 시에 펀드 투자자들이 투자한 금액의 총액이 펀드의 순자산 가치는 아니다.
오 ② 4문단에서 '가격은 물량과 관계가 크기 때문에 자산 운용사는 시간 간격을 두고 거래를 분할해서 사거나 팔아 위험을 분산한다.'라고 밝히고 있다.
③ 2문단에서 '매매 기준 가격은 펀드 투자자의 신규 모집과 기존 투자자의 해약이 이루어지는 가격'이라고 언급하고 있다.
④ 4문단에서 분산 투자를 위해 '사업 위험이나 채무 불이행의 가능성 측면에서 상관관계가 낮은 기업을 조합하여 펀드를 구성'한다고 밝히고 있다.
⑤ 3문단에서 펀드는 '운용 자산의 규모가 크므로 거래에 있어 협상력을 가지게 되어 개인 투자자가 소액 거래를 직접 하는 것에 비해 거래 비용을 절감할 수 있다.'라고 밝히고 있다.

21. 이유와 전제 추론 답 ④
해 분산 투자는 수익률을 안정적으로 달성하기 위한 것이다. 이때 '같은 기간을 투자할 때 일반적으로 주식형은 수익성이 높고 채권형은 안정성이 높다.'라고 하고 있다. 같은 기간을 투자 시에는 주식형 펀드가 채권형 펀드보다 수익성이 높고 안정성이 떨어진다는 것이다. 그런데 ㉠에서는 '장기로 운용되는 채권형 펀드'에 대해 언급하면서 '단기로 운용되는 주식형 펀드에 비해 위험률이 높아 수익률도 높다.'라고 말하고 있다. 즉 장기로 운용되면 위험 가능성이 높다는 것이다. 그러므로 ㉠의 이유는 장기간 운용할수록 해당 기간에 경기변동이 발생할 가능성이 커져 위험률도 크고 수익률도 높다고 할 수 있다.
오 ① 가격 변동률이 낮아 안정성이 높은 경우에는 위험률이 높지 않다.
② 위험률과 기대 수익률을 운용 기간과 관련지어 설명하고 있다. 거래 원활성과 관련짓고 있지 않다.
③ 채권이 주식보다 수익률과 위험의 관계를 제대로 파악하기 어렵다고 볼 수 없다.
⑤ 경기가 하강할 때 채무 불이행 위험이 높은 단기 운용 주식이 많아진다면 주식형 펀드가 채권형 펀드보다 위험률이 더 높을 것이다.

22. 핵심 정보의 이해 답 ③
해 수탁 은행이 자금 운용 계획을 결정하거나 승인하는 것은 아니다. 자금과 관련된 의사 결정은 자산 운용사가 한다.
오 ① 자산 운용사는 펀드의 약관을 만들고 당국으로부터 승인을 취득한다고 하였다.
② 펀드 상품을 판매하는 일은 자산 운용사가 직접 담당하기도 하지만, 은행이나 증권사, 보험사가 판매를 대행하기도 한다고 하였다. 펀드 상품을 판매함으로써 펀드의 자금이 모집되며, 이는 보험사를 통해서도 가능한 것이다.
④ 펀드는 자산 운용사의 자산 운용 계획에 의해 이루어지는데, 금융에 대한 지식과 경험이 풍부한 전문 인력이 위험과 수익률을 고려해 펀드를 구성한다.
⑤ 수탁 은행은 이익 분배금을 투자자에게 환원하는 역할도 수행한다.

23. 구체적 상황에의 적용 답 ②
해 김 씨는 A 회사의 주식에 1,000만원을 투자하였고 A 회사에 대한 주식 투자로 200%의 수익을 거둘 확률이 1/2, 원금을 모두 잃을 확률이 1/2이다. 그러므로 김 씨는 1,000만원을 투자해 1,500만원(1/2×3,000만원+1/2×0원)을 얻게 될 것으로 기대할 수 있다. 김 씨의 기대 수익은 500만원인 것이다. 한편 이 씨는 A 회사와 B 회사의 주식에 동일하게 투자하는 펀드에 1,000만원을 투자하였다. A 회사와 B 회사가 주식 투자로 200%의 수익을 거둘 확률이 각각 1/2, 원금을 모두 잃을 확률이 각각 1/2이다. 그러므로 이 씨는 1,000만원을 투자해 1,500만원(1/4×3,000만원+1/2×1,500만원+1/4×0원)을 얻게 될 것으로 기대할 수 있다. 이 씨의 기대 수익 역시 500만원인 것이다. 이는 '결국 20개의 계란을 한 바구니에 담아 옮길 때와 두 바구니에 담아 옮길 때 기대 수익률은 같다.'를 통해서도 이끌어낼 수 있다. 김 씨가 원금을 모두 잃을 확률은 1/2이고, 이 씨가 원금을 모두 잃을 확률은 1/4(1/2×1/2)이다. 이는 '계란을 한 바구니로 담아 옮겼을 때 계란이 모두 깨질 확률은 계란을 두 바구니로 담아 옮겼을 때보다 계란이 모두 깨질 확률보다 크다.'를 통해서도 이끌어낼 수 있다.

24. 어휘의 문맥적 의미 파악 답 ④
해 ⓐ의 '내리다'는 '판단, 결정을 하거나 결말을 짓다.'의 의미로 '단정을 내렸다'의 '내리다'와 그 의미가 같다.
오 ① '어둠이 내리자'의 '내리다'는 '어둠, 안개 따위가 짙어지거나 덮여 오다.'의 의미이다.
② '서울역에 내려'의 '내리다'는 '타고 있던 물체에서 밖으로 나와 어떤 지점에 이르다.'의 의미이다.
③ '경고 조치를 내렸다.'의 '내리다'는 '명령이나 지시 따위를 선포하거나 알려 주다. 또는 그렇게 하다.'의 의미이다.
⑤ '짐을 마당에 내리고'의 '내리다'는 '위에 올려져 있는 물건을 아래로 옮기다.'의 의미이다.

[25～30] (융합: 사회 + 기술)「현실주의 이론과 스텔스 기술」
해제 이 글은 제2차 세계 대전 이후 국제 정치학을 지배해 온 현실주의 국제 정치 이론의 발전 과정을 살펴보고, 최근 부각되고 있는 '공격적 현실주의'를 뒷받침하는 강대국들의 스텔스 기술 개발에 대해 설명하고 있는 글이다. 현실주의는 인간의 본능을 국가 행동의 원인으로 분석하는 한스 모겐소의 고전적 현실주의로 시작되어, 세력 균형을 위한 강대국들의 방어적 행동을 강조한 케네스 월츠의 신현실주의로 발전하였다. 그리고 최근에는 강대국들은 세력 균형에 만족하지 않고 압도적인 힘을 추구한다는 미어셰이머의 공격적 현실주의가 대두하고 있다. 이러한 공격적 현실주의를 뒷받침하는 사례로는 강대국들의 스텔스 기술 개발을 들 수 있다. 스텔스 기술은 주로 레이더에 의한 피탐 가능성을 낮추는 기술로 스텔스 외형 설계와 전파 흡수 재료(RAM) 사용을 병행하여, 항공기 정면의 RCS를 줄이는 것이 핵심이다. 이를 위해 최신 스텔스 전투기에는 구부러진 S자형 공기 흡입구 설계와 기체의 각 부위 별로 서로 다른 속성을 지닌 RAM을 도포하여 다양한 레이더 전파의 파장에 대해 스텔스 기능을 발휘하고 있다. 스텔스 기술은 적의 방어 시스템을 무력화하고 전쟁의 양상을 크게 바꾸어 놓을 기술로서, 상대국에 대해 압도적인 힘을 갖추려는 강대국들이 개발과 보급에 열을 올리고 있다.
주제 현실주의 이론의 발전 과정과 스텔스 기술 개발
구성
1문단: 한스 모겐소의 고전적 현실주의
2문단: 케네스 월츠의 신현실주의(방어적 현실주의)
3문단: 미어셰이머의 공격적 현실주의
4문단: 상대국을 압도하기 위한 강대국의 노력: 스텔스 기술
5문단: 항공기의 RCS를 줄이기 위한 스텔스 기술과 사례
6문단: 최신 스텔스 전투기에 반영된 스텔스 기술의 원리

7문단: 스텔스 항공기에 사용되는 전파 흡수 재료(RAM)
8문단: 공격적 현실주의 이론을 뒷받침하는 스텔스 기술

25. 세부 정보의 이해 답 ④
解 5문단에서 레이더의 탐지 거리는 표적의 레이더 반사 면적인 RCS와 관련이 있다고 하였으며, RCS가 작은 항공기를 설계해 은밀성을 높이는 것이 스텔스 기술의 목적이라고 언급하고 있다. 그러므로 레이더의 탐지 거리는 항공기의 RCS 크기와 비례한다고 볼 수 있다.
오 ① 5문단에서 최초의 스텔스 항공기는 공기 흡입구 위에 작은 삼각형을 계단식으로 쌓은 그릴을 설치했다고 언급하고 있다. 그러므로 최초의 스텔스 항공기는 외부 형상에 대한 스텔스 설계를 적용한 것을 알 수 있다.
② 8문단에서 스텔스 항공기는 개발, 제작, 유지에 천문학적인 비용이 든다는 단점이 있다고 언급하고 있다.
③ 6문단에서 최신 스텔스 전투기는 아주 적은 에너지의 전파만 외부로 반사한다는 내용을 확인할 수 있다. 또 8문단에서 스텔스 항공기의 RCS가 새 한 마리의 RCS보다 작은 수준이라고 언급한 것은 스텔스 항공기도 레이더 전파의 일부를 외부로 반사시킨다는 것을 의미한다.
⑤ 2문단에서 신현실주의는 강대국들이 세력 균형을 위한 방어적 행동을 한다고 주장했음을 알 수 있다. 또 4, 8문단에서 스텔스 기술의 개발은 강대국들이 상대국을 압도하는 힘을 확보하기 위한 행위임을 알 수 있다. 그러므로 현실주의 이론이 강대국의 행동을 설명할 수 없다는 진술은 적절하지 않다.

26. 비교를 통한 사실적 이해 답 ④
解 3문단에서 공격적 현실주의 이론은 강대국들이 세력 균형의 유지에 만족하지 않고 가질 수 있는 최대의 힘을 추구해 다른 국가를 완전히 압도하기를 원한다고 분석했음을 알 수 있다.
오 ①, ③ 1문단에 고전적 현실주의 이론은 권력에 대한 무한한 인간의 욕망을 바탕으로 상대국을 공격할 기회를 끊임없이 추구한다고 하였다. 하지만 2, 3문단의 내용에 따르면 신현실주의와 공격적 현실주의는 모두 국제 정치 구조가 국가 행동의 원인으로 보고 있다.
② 1문단에서 고전적 현실주의는 권력의 욕망을 가진 인간에 의해 지배되는 국가는 상대국을 공격할 기회를 끊임없이 추구한다고 하였다. 하지만 2문단의 신현실주의는 강대국들이 현상 유지를 위해 방어적 행동을 한다고 언급되어 있다.
⑤ 1, 2, 3문단의 내용을 통해 세 가지 현실주의 이론 모두 국제 정치 구조가 국가를 통제할 수 있는 상위 기구가 존재하지 않는 무정부 상태와 같다고 보고 있음을 알 수 있다.

27. 반응의 적절성 확인 답 ③
解 <보기>에는 지구 온난화라는 국제적 문제를 해결하기 위해 UN이라는 국제기구를 중심으로 국제 협약을 체결하여 여러 국가들이 상생을 위해 공동의 노력을 기울이는 모습을 확인할 수 있다. 그러므로 이러한 내용을 바탕으로 국제 정치 구조는 무정부 상태와 같으며 국가 간 경쟁이 불가피하게 일어나 지속된다는 현실주의 이론은 국제 정치 구조를 지나치게 비관적으로 바라보고 있다고 볼 수 있다,.
오 ① 국제기구를 중심으로 기후 변화 협약에 동참하는 국가가 증가하는 것은 지구 공동의 문제에 대한 초국적 협력을 의미하는 것으로 세력 균형의 유지를 위한 방어적 행동으로 보기 어렵다.
② 기후 변화와 온난화라는 문제에 대한 국제적 협력은 인간의 본능에 의한 것이라기보다는 국제적 문제에 대응하는 이성적, 합리적 대응이라고 할 수 있다.
④ 국제적 문제를 해결하기 위한 새로운 협약은 UN이라는 국제기구를 중심으로 이루어지는 국제 공조로서 국제 정치 구조에서 국가를 통제할 상위 기관이 부재하다는 현실주의의 견해와는 배치되는 것이다.
⑤ 기후 변화 협약에 이전보다 많은 국가가 동참하는 것은 국가 간 경쟁을 의미하는 것이 아니라 국제 공조와 협력을 의미하는 것이다.

28. 핵심 정보의 이해 답 ⑤
解 6문단에 따르면 장거리 탐지 레이더에서 사용하는 긴 파장의 전파는 파장이 커 공기 흡입구로 잘 들어가지 못한다. 그러므로 RAM1~4를 도포하지 않을 경우 긴 파장의 전파가 엔진의 회전 블레이드에 반사되지는 않는다.
오 ① 6문단에서 조기 경보기에서 사용하는 중간 파장의 전파는 엔진의 회전 블레이드에 반사되어 나오는데, 이것을 RAM이 도포된 차단기를 통해 다중 반사를 일으켜 감쇄한다고 언급하고 있다. 전투기에서 사용하는 짧은 파장의 전파는, 짧은 파장의 전파를 잘 흡수하는 RAM이 도포된 공기 흡입구 내벽에서 다중 반사를 일으켜 감쇄된다고 언급하고 있다. 아울러 7문단에서 RAM은 레이더 전파의 에너지를 열에너지로 전환하여 레이더 전파를 흡수한다고 언급하고 있다.
② 6문단에서 장거리 탐지 레이더는 긴 파장을 가지고 있어 공기 흡입구의 잘 들어가지 못하고 공기 흡입구 입구에 도포된 RAM에 의해 흡수되거나 반사된다고 하였다.
③ RAM3은 차단기에 도포된 것으로, 차단기는 조기 경보기에서 사용하는 중간 파장의 전파를 다중 반사시켜 전파를 흡수하는 기능을 한다.
④ RAM2는 공기 흡입구 내벽에 도포된 것이며, RAM4는 차단기와 회전 블레이드 사이에 별도로 도포된 RAM이다. 6문단에 따르면 짧은 파장의 레이더 전파는 공기 흡입구 내벽에 다중 반사를 일으켜 흡수되거나 차단기와 회전 블레이드 사이에 있는 별도의 RAM에 의해 흡수된다.

29. 이유와 전제의 추론 답 ④
解 6문단의 내용을 통해 최신 스텔스 전투기는 최초의 스텔스 항공기와 같이 공기 흡입구 앞에 그릴을 설치하지 않고 구부러진 S자 형태의 공기 흡입구로 설계하였음을 알 수 있다. 그리고 이렇게 구부러진 공기 흡입구를 통해 짧은 파장의 전파, 중간 파장의 전파, 긴 파장의 전파에 대해 모두 스텔스 기능을 수행하는 기능을 한다는 사실을 확인할 수 있다.
오 ① 구부러진 공기 흡입구와 도포된 여러 종류의 RAM은 레이더 전파를 흡수하는 기능을 하는 것이지 반사되는 레이더 전파의 방향을 바꾸기 위한 것은 아니다.
② 구부러진 공기 흡입구는 다양한 파장의 레이더 전파를 흡수하기 위한 것이지 이러한 전파를 공기 흡입구로 집중시키려는 것은 아니다.
③ 6문단의 내용에 따르면 최신 스텔스 전투기일지라도 아주 적은 에너지의 레이더 전파가 외부로 반사된다. 구부러진 공기 흡입구는 반사되는 레이더 전파의 양을 줄이고자 하는 것이지 회전 블레이드에서 반사되는 전파의 방향을 전환하기 위한 것은 아니다.
⑤ 구부러진 S자 형태의 공기 흡입구는 레이더 전파를 흡수하는 기능을 하는데 이는 레이더 전파의 전기 에너지를 열에너지로 전환하여 흡수하는 것이지 레이더 전파의 파장을 조절하기 위한 것은 아니다.

30 바꿔 쓰기의 적절성 확인 답 ⑤
解 '도출하다'는 '판단이나 결론 따위를 이끌어 내다.'라는 의미를 지닌 말로 '어떤 결과나 상태를 생기게 하다.'라는 의미를 지닌 '가져오다'를 바꾸어 쓸 수 있는 말로 보기 어렵다.
오 ① '부재(不在)하다'는 '그곳에 있지 아니하다.'라는 의미를 지닌 말로 ⓐ의 '없다'와 바꾸어 쓸 수 있는 말로 적절하다.
② 우수(優秀)하다'는 '여럿 가운데 뛰어나다.'라는 의미를 지닌 말로 ⓑ의 '뛰어나다'와 바꾸어 쓸 수 있는 말로 적절하다.
③ '감소시키다'는 '양이나 수치를 줄이다.'라는 의미를 지닌 말로 ⓒ의 '줄이다'와 바꾸어 쓸 수 있는 말로 적절하다.

④ '저하되다'는 '정도, 수준, 능률 따위가 떨어져 낮아지다.'라는 의미를 지닌 말로 ⓓ의 '떨어지다'와 바꾸어 쓸 수 있는 말로 적절하다.

[31 ~ 34] (현대시) (가) 이육사, 「노정기」, (나) 문태준, 「맨발」

(가) 이육사, 「노정기」

해제 이 작품은 위태롭고 고통스러웠던 지난 삶의 모습을 항해의 여정으로 형상화하고 있다. 일제 강점기 독립 운동을 하면서 도피 생활을 해 왔던 작가의 회고적 체험이 밀항, 암초, 거미 등과 같은 상징적 시어를 통해 드러나 있으며, 여운을 주는 마무리를 통해 쫓기듯 살아온 지난 삶의 모습을 돌아보는 작가의 심정이 강조되어 있다.

주제 위태롭고 고통스러웠던 지난 삶에 대한 회고와 성찰

구성

1연: 위태롭고 고통스러웠던 지난 삶

2연: 낯선 이국에서 쫓기듯 살아왔던 삶

3연: 희망이 보이지 않았던 삶

4연: 구속적이고 절망적이었던 삶

5연: 쫓기듯 살아온 지난 삶에 대한 성찰

(나) 문태준, 「맨발」

해제 맨발로 살아온 어물전 개조개의 모습을 통해 인간에 대한 성찰을 드러내고 있는 작품이다. 화자는 어물전 개조개를 보면서 개조개가 맨발로 움직이고 있다고 생각하고 개조개의 고단한 삶에 대해 떠올린다. 개조개가 홀로 고통과 슬픔을 감내하면서 삶을 살아왔을 것이라고 짐작하는 것이다. 이는 단순히 개조개의 모습을 묘사하는 데에서 그치는 것이 아니라 세상의 풍파를 견디며 살아온 인간의 모습을 연상시킨다.

주제 삶의 고통과 슬픔을 감내하면서 사는 삶

구성

1연: 맨발로 움직이는 개조개의 모습

2연: 개조개의 삶을 통한, 인간에 대한 성찰

31. 표현상의 특징 파악 답 ②

해 (가)는 '머-ㄴ 항구의 노정에 흘러간 생활을 들여다보며'라고 완결되지 않은 문장으로 시상을 마무리하여 여운을 주고 있다. 쫓기듯 살아온 지난 삶의 모습에 성찰을 여운을 통해 부각하고 있는 것이다.

오 ① (가)에는 색채의 대비가 드러나지 않는다. (나) 역시 개조개의 맨발을 시각적으로 연상하게는 하지만 색채를 대비하고 있지는 않다.
③ (나)는 화자가 관찰하고 추측한 개조개의 모습을 담고 있다. 개조개와 대조되는 대상은 제시되지 않았다. (나)는 화자의 힘겹고 고통스러웠던 삶에 대한 회고를 담고 있다. '남십자성', '지평선'은 화자의 절망적인 삶, 쫓기는 삶과 대조된다고 할 수 있다.
④ (가), (나) 모두 청자를 명시적으로 설정하고 있지 않다.
⑤ (가)의 '그리운 지평선을 한숨에 기오르면'을 통해 상승 이미지를 발견할 수 있다. (나)는 상승 이미지와 하강 이미지를 활용하고 있지 않다.

32. 시구의 의미 파악 답 ①

해 ㉠은 뚜렷한 성과 없이 지나온 삶의 어두운 모습을 비유한 것이므로, 죄책감에서 오래도록 벗어나지 못하고 있는 상태를 의미하는 것으로 볼 수 없으며, 화자가 현재의 상황에 대해 죄책감을 느끼고 있는 것도 아니다.

오 ② ㉡의 '밀항'에서 드러나듯 ㉡은 쫓기면서 조마조마하게 살아왔던 삶을 가리킨다.
③ ㉢은 화자의 어두운 삶에 희망을 주는 존재, 어두운 현실 속에서 삶의 지표를 의미한다. 현재는 ㉢이 비춰 주지 않는 절망적 상황이다.
④ ㉣은 쫓기는 마음 지친 몸으로 도달하고자 한 것, 즉 고통스러운 삶을 벗어나 맞이하고자 소망하던 삶을 나타낸 것이라고 할 수 있다.
⑤ ㉤은 절망적인 상황을 가리키는 것이다. ㉤이 발목을 오여 싸는 열대 식물에 비유되고 있으므로 ㉤은 삶을 구속하여 앞으로 나아가지 못하도록 하는 현실을 가리키는 것이라고 할 수 있다.

33. 시구의 의미 파악 답 ④

해 [A]에서 화자는 개조개를 관찰하고 그 모습을 묘사해 내고 있다. '맨발을 내밀어 보이고 있다', '천천히 발을 거두어 갔다'를 통해 이를 확인할 수 있다. [B]에서는 화자가 개조개의 모습을 묘사하는 것이 아니라 개조개의 삶에 대한 추측을 제시하고 있다. '흘러 왔을 것이다', '천천히 돌아왔을 것이다', '늘 맨발이었을 것이다'를 통해 이를 확인할 수 있다.

오 ① [A]에 개조개의 현재 모습이 나타나 있으며 [B]에는 개조개를 보고 떠올린 내용이 드러나 있다.
② 개조개가 어떠한 변화의 과정을 거친 것은 아니다. 그러므로 [A]에는 대상이 변화하기 전의 모습이, [B]에는 대상이 변화한 후의 모습이 나타나 있다고 말할 수 없다.
③ [A], [B] 모두에 맨발로 삶의 고통을 감내해 온 개조개에 대한 연민이 드러난다. [B]에 개조개에 대한 화자의 경외감이 나타나 있지는 않다.
⑤ [A], [B]에서 화자가 개조개에 주목하는 것은 화자가 개조개에 감정을 투영하기 때문이라고 할 수 있다. 개조개를 자신과 차별화되는 존재로 인식하는 것이 아니라, 개조개를 통해 화자 자신을, 나아가 인간을 발견하고 있는 것이다.

34. 감상의 적절성 파악 답 ②

해 (가)에서 '남들은 기뻤다는 젊은 날'은 화자와 대조적인 삶의 모습을 가리키는 것이고, '전설에 읽어 본 산호도'는 화자가 꿈꾸는 이상 세계를 가리키는 것이다. 즉 '남들은 기뻤다는 젊은 날'과 '전설에 읽어 본 산호도'를 통해 시인이 과거의 삶으로 회귀하고자 하는 인간 성향을 표현한 것이라고 볼 수 없다.

오 ① (가)에서 '깨어진 뱃조각'은 언제 어떻게 될지 알 수 없는 위태로운 목숨을 비유한 것이다. '구죽죽한 어촌'은 절망적이고 어두운 심리, 인식을 드러낸 것이다. 즉 (가)의 시인은 '깨어진 뱃조각'과 '구죽죽한 어촌'을 통해 불안하고 고단한 삶, 비극적인 현실 인식을 표현한 것이라고 할 수 있다.
③ (가)에서 '새벽 밀물에 밀려온 거미'는 쫓기듯이 살아온 화자 자신을, '다 삭아빠진 소라 껍질에' '붙어 왔다'는 것은 도피하며 지내 온 삶을 나타낸다. 그러므로 이 시구들을 통해 시인은 자신의 삶에 대한 자기 고백을 하고 있는 것이라고 볼 수 있다.
④ (나)에서 '개조개 한 마리'의 '부르튼 맨발'은 고통을 감내해 온 개조개의 모습을 보여준다. 시인은 개조개를 통해 거친 세상의 풍파를 견뎌내야 하는 인간 존재의 고통에 대해 발견한 것이라고 할 수 있다.
⑤ (나)에서 '움막 같은 집으로 돌아오면' '아 - 하고 울던 것들이 배를 채워/ 저렇게 캄캄하게 울음도 멎었으리'라고 말하는 것은 개조개의 삶에 대한 시인의 추측을 담고 있다. '움막 같은 집으로 돌아오면' 멎는 '울음'은 존재가 고통을 견뎌내야 하는 이유에 대한 시인의 생각을 반영한 것이라고 할 수 있다.

[35 ~ 39] (갈래 복합: 현대 소설 + 희곡) (가) 최인호, 「타인의 방」, (나) 이강백, 「북어 대가리」

(가) 최인호, 「타인의 방」

해제 이 작품은 출장에서 돌아온 남편이 아파트 문을 따고 들어가 보니 아내가 거짓 쪽지를 남겨 놓고 집을 비운 데서 오는 소외감을 그린 소설이다. 현대적인 문물이자 오늘날의 주거 공간을 대표하는 아파트를 배경으로, 자신에게 익숙한 공간이 어느 날 낯설게 느껴지는 현대인의 불안과 고독, 소외감 등을 보여 주고 있다. 이러한 심리는 집에 있는 사물들을 낯설고 불편하게 느낀다든지 자기 집을 '타인의 방'처럼 느끼는 데서 잘 드러난다. '그'의 이러한 느낌은 사물에 투영되어, 사물들이 마치 살아 움직인다거나 말을 거는 듯한 환각적 경험을 하게 되며, 마침내 '그'가 집 안의 사물 중 하나로 여겨진다. 감각적이고 짧은 문장을 사용한 점, 초현실주의 기법을 사용한 점 등과 같은 특징을 지니고 있는 작품이라고 할 수 있다.

주제 산업화, 도시화에 따른 현대인의 소외와 불안감

전체 줄거리 출장을 마치고 자신의 아파트로 돌아온 그는 여러 번 초인종을 누르다가 이웃 사람들과 언쟁을 벌인다. 열쇠로 문을 열고 어두운 실내로 들어와 보니, 아내는 친정아버지가 위독하다는 전보를 받고 나간다는 쪽지를 남긴 채 외출하고 없었다. 그는 심한 고독을 느낀다. 아내로부터 더운 음식으로 대접받기를 기대했지만 집 안에는 제대로 된 음식조차 없었다. 신문을 보려 했으나 신문도 없었다. 시계는 일주일 전의 날짜로 죽어 있었다. 시계를 내동댕이쳐 버리고 싶은 욕망을 참으며 날짜를 맞추고, 정성들여 목욕을 한 후 음악을 들으며 소파에 길게 눕는다. 그러다가 아내의 쪽지를 다시 보고는 문득 아내가 거짓말을 하고 있음을 깨닫는다. 원래 그는 내일 돌아오기로 되어 있었는데, 아내는 오늘 전보를 받았다고 써 놓았던 것이다. 아마 아내는 그가 출장 간 날부터 집을 비웠을지도 모른다. 갑자기 무슨 소리가 들린다. 집 안의 가구와 사물들을 하나하나 훑어보기 시작하지만 그 물건들은 이미 어제의 물건들이 아니다. 그는 술을 마시고 꽁초를 찾아 담배를 피운다. 안심이 되지 않아 집 안 여기저기를 살펴본다. 갑자기 책상이 흔들리기 시작하더니 이내 방 안의 가구와 온갖 기물들이 날뛰기 시작한다. 도망가려 하지만 다리가 움직이지 않는 그는 모든 것을 체념한다. 다음다음날 오후, 한 여자가 아파트에 돌아온다. 여자는 집 안에 '새로운 물건'이 하나 있음을 발견한다. 여자는 며칠 동안 '그 물건'을 돌보다가 이내 싫증이 나 방을 떠나는데, 이번에도 전과 같은 내용의 메모를 남긴다.

(나) 이강백, 「북어 대가리」

해제 이 작품은 '자앙'과 '기임'이라는 두 창고지기를 통해 분업화되고 획일화된 현대인의 삶을 비판하는 희곡이다. 이 작품에서 세상 밖과 격리된 공간인 '창고'는 기계적으로 같은 일을 반복하는 '자앙'과 '기임'의 삶의 터전이다. '자앙'은 창고 안에서 맡겨진 일을 성실하게 수행하면서도 자신의 일이 그릇된 창고 밖의 세상에 도움을 주는 것이 아닐까 하며 의심한다. 하지만 이를 인정하면 자신의 삶이 송두리째 무너져 내릴까봐 창고 밖 세상으로 나아가려 하지 않는다. '기임'이 창고를 떠나자 삶의 방향성을 상실하고 괴로워하면서 자신을 말라비틀어진 '북어 대가리' 같다고 여기던 '자앙'이 다시 창고지기 일에 매진하겠다고 결심하는 모습을 보여 줌으로써, 작가는 산업 사회에서 인간으로서의 존엄을 상실하고 부속품처럼 존재할 뿐인 현대인들이 별다른 각성 없이 살아가는 모습을 비판하고 있다.

주제 기계적으로 살아가는 현대인의 삶에 대한 비판

전체 줄거리 새벽마다 오는 트럭에 상자를 정리하여 다른 곳으로 보내는 창고지기 자앙은 매사에 꼼꼼하고 성실하게 일을 처리한다. 하지만 동료인 기임은 그런 자앙을 못마땅하게 여긴다. 기임은 트럭 운전수의 딸인 미스 다링을 만나고, 술에 잔뜩 취해 그녀를 창고 숙소까지 데리고 온다. 다음 날, 자앙은 기임에게 잔소리를 퍼부으면서도 북어로 해장국을 끓여 준다. 창고지기 생활에 염증이 난 기임은 다링의 제안에 따라 상자 하나를 고의로 바꿔 트럭에 실어 보낸다. 그 사실을 알게 된 자앙은 상자 주인에게 편지를 써서 잘못을 바로잡으려고 하지만 트럭 운전수와 기임은 그런 자앙의 태도를 비난한다. 이후 기임은 트럭 운전수, 다링과 함께 창고를 떠난다. 자앙은 식탁 위에 놓인 북어 대가리를 보며 지금까지의 자기 삶에 대한 회의에 빠져 잠시 괴로워하지만, 결국 지금까지와 같은 삶을 지속할 것을 다짐한다.

35. 작품 간 공통점 파악 답 ③

해 (가)에서는 짐승처럼 신음하면서 거실을 거니는 행위를 통해 '그'가 빈 집에 돌아오게 된 상황에서 유발된 고독감과 분노가 드러나고 있으며, (나)에서는 식탁 의자에 힘없이 주저앉는 '자앙'의 행위를 통해 '기임'이 떠나고 혼자 남은 상황에서 유발된 쓸쓸함과 허무함이 드러나고 있다.

오 ① (가)와 (나) 모두 희화화되고 있는 인물은 찾을 수 없다.
② (나)의 중략 바로 앞부분에서 '기임'이 하는 대사는 이전 사건에 대한 요약적 제시로 볼 여지가 있으나, (가)에는 대화를 통해 이전 사건이 요약적으로 제시된 부분이 없다.
④ (가)와 (나) 모두 갈등 해소의 가능성을 보여 주는 미래 상상 장면이 없다.
⑤ (가)와 (나) 모두 인물의 경험을 삽화 형식으로 나열하지 않았다.

36. 외적 준거에 따른 감상 답 ④

해 (나)에서 '자앙'이 상자들을 '정확하게 확인하고 또 확인'하는 것은 비판적 각성이 결여된 채로 그저 소외된 노동에 매진하고 있는 모습에 해당하므로, 현대인이 노동으로부터 소외되는 자신의 상황에 대해 비판적 의식을 지니게 되는 양상을 그리려 했다는 것은 적절한 이해가 아니다.

오 ① (가)에서 '그'가 집에 겨우 돌아왔다고 생각하면서, 그런데도 집에 아무도 없다는 사실에 심한 고독을 느끼는 것은 유의미한 관계, 이를테면 자신을 반겨 맞아 줄 것으로 기대했던 아내와의 관계 같은 것으로부터 소외되는 모습과 관련이 있다고 볼 수 있다.
② (가)에서 '그'는 방 안의 사물들이 '날뛰기 시작'하는 환각을 경험하고 급기야 몸이 굳어 '새로운 물건'이 되어 버리는데, 이는 <보기>에서 설명한 대로 현대인이 경험하는 정신적 위기를 상징적이고 초현실주의적인 기법을 통해 보여 준 것이다.
③ (가)에서 '그'는 몸이 점점 굳어 오고 마치 부활하는 것처럼 다리를 모으고 직립한다. 그리고 다음다음날 돌아온 아내는 '그'를 '새로운 물건'으로 인식한다. <보기>와 연관 지어 볼 때 이는 인간이 그 존엄을 잃고 사물의 지위로 전락하는 상황을 상징적으로 보여 주는 것이다.
⑤ (나)에서 '자앙'은 창고를 떠나겠다는 '기임'에게 창고 밖에는 또 창고가 있을 뿐이라고 말한다. 이는 <보기>에서 언급한 대로 현대 사회의 도시가 창고처럼 폐쇄적인 공간들의 연속에 불과하다는 인식과 관련이 있다.

37. 시점 및 서술상의 특징 파악 답 ②

해 [A]에서는 '분노에 차서', '너무 피로해서', '불은 너무 갑자기 들어온 기분이어서' 등을 통해 서술자가 인물의 내면 심리를 직접 제시하고 있음을 알 수 있다. 반면 <보기>는 [A]와 달리 서술자가 관찰자의 입장에서 객관적인 태도로 인물의 행동을 묘사하고 있다.

오 ①, ④ [A]와 <보기> 모두 서술자는 작중 인물이 아니다.
③ [A]와 <보기> 모두 서술자는 이야기 외부에 있다.
⑤ [A]와 <보기> 모두 서술자의 교체는 드러나지 않는다.

38. 소재의 서사적 기능 파악 답 ③

해 [B]는 앞서 제시된, '화장대 거울 아래' 놓인 종이에 적힌 것과 동일한 내용이 반복된 것이다. 이를 통해 아내가 내세운 외출 이유, 즉 친정아버지가 위독하시다는 전보를 받았다는 말이 거짓임이 드러난다. 이를 통해 '그'가 아내와의 왜곡된 관계 속에서 느끼는 고독과 불안이 지속될 것임을 짐작할 수 있다.

오 ① [B]에는 숨겨 왔던 아내의 진심이 담겨 있는 것이 아니다.
② [B]에는 인물들이 공유하는 추억을 언급한 부분이 없으며 해당 장면의

분위기가 서정적인 것도 아니다.
④ [B]는 거짓된 내용의 쪽지이므로, 아내와 '그'의 관계를 성공적으로 복원하는 진정한 의사소통에 해당할 수 없다.
⑤ [B]는 앞서 제시되었던 아내의 편지와 동일한 거짓 내용의 쪽지이므로, 이는 상황의 반복과 지속을 짐작하게 하는 것에 가깝다. 따라서 [B]는 극적인 반전을 통해 사건이 새로운 국면에 접어들 것이라는 추론의 근거가 될 수 없다.

39. 극의 형상화 방법 이해 답 ⑤

해 창고에 홀로 남게 된 '자양'은 자신이 지금껏 유지해 왔던, 창고 속에서의 성실함이 대체 무슨 소용이 있는 것이냐는 회의적 태도를 잠깐 보인다. 그러나 ⓔ에서 곧장 그런 회의는 틀린 것이라면서 지금까지처럼 창고 속에서의 성실함을 계속 유지하려는 태도를 보인다. 그러므로 ⓔ는 지난 삶에 대한 총체적인 회의에서 비롯된 절망감이 드러나게 말할 것이 아니라, 다시 마음을 다지며 확신을 갖고자 하는 의지적 태도가 느껴지도록 말해야 할 것이다.
오 ① ⓐ에서 '기임'은 자신이 불러 준 내용을 '자양'이 하나도 받아쓰지 않았다는 것을 뒤늦게 알고 이에 대해 의아해 하고 있다.
② ⓑ에서 '자양'은 '기임'이 자기를 두고 '아주 성실한 사람'으로 평가하면서 '큰 상을 받아야' 하는 사람이라고까지 말하는 것을 듣고 감격하였음을 알 수 있다.
③ ⓒ에서 '기임'은 자신이 '자양'의 곁을 떠나 창고 밖 세상으로 나갈 것임을 분명히 하고 있음을 알 수 있다.
④ ⓓ는 또 다시 잔소리를 퍼붓기 시작하는 '자양'의 태도에 대해 '기임'이 비아냥거리면서 불만을 표현한 말이다.

[40~42] (고전 시가) 조우인, 「매호별곡」

해제 이 작품은 조선 인조 때 조우인이 지은 가사로 자연에 묻혀 한가롭게 살아가는 삶의 즐거움을 노래하고 있다. 내용과 형식면에서 전형적인 사대부 가사의 특징을 잘 반영하고 있으며, 섬세하고 치밀한 묘사와 세련된 어휘 구사를 통해 정극인의 <상춘곡>, 정철의 <선상별곡>을 잇는 우수한 가사 작품으로 평가받고 있다. 특히 속세와 거리를 두고 자연 속에서 풍류와 독서를 즐기면서 안빈낙도를 추구하는 삶의 태도가 잘 드러나 있다.
주제 강호한정과 안빈낙도의 삶
구성
제1단(서사): 벼슬을 버리고 자연 속에 묻혀 살겠다는 의지
제2단(본사): 낙동강 서안에 있는 매호 마을에서 느끼는 산천의 아름다움
제3단(결사): 독서를 즐기며 안빈낙도하는 삶의 즐거움(수록 부분)

40. 세부적인 내용 이해 답 ⑤

해 화자는 산에 올라 바라 본 속세를 눈 아래 티끌이라고 말하고 있다. 이는 자연에 파묻혀 살아가는 화자가 속세에 대해 부정적으로 인식하고 있음을 보여 준다. 한편 화자는 술동이(와분)에 있는 술을 취하도록 마시고 있는데, 이는 자연과 더불어 살아가는 풍류를 보여주는 것일 뿐 화자가 속세에 대해 미련을 갖고 있음을 의미하는 것은 아니다.
오 ① 화자는 '세정'과 '인사'를 모르고 살아왔다며 '우활'하다고 표현하고 있다. 이는 화자가 자신을 사리에 어둡고 세상 물정도 모르는 존재로 여기고 있음을 보여 준다.
② 화자는 속세를 떠나 자연 속에서 살아가고 있다. 자연 속에 있는 화자는 '득상'도 모르고 '시비'도 들을 수 없어 '영욕'과 '출척'을 모른다고 말하고 있다. 또한 적막한 산림에서 오로지 자연과 더불어 여유로운 생활을 하고 있는데, 이는 은자의 삶에 해당한다.
③ 화자는 책 속의 성현 말씀을 '오랜 세월 벗'에 빗대고 있다. 이는 화자가 학문을 수양하는 삶, 즉 '옛 사람의 즐거움'을 따르는 삶에 대해 신념과 애정을 지니고 이를 실천해 왔음을 짐작하게 해 준다.
④ '환도', '두실', '소사 수음' 등의 시어는 화자가 가난한 생활을 하고 있음을 보여 준다. 그 속에서 화자는 독서와 풍류를 즐기며 안분지족을 느끼고 있다.

41. 시어의 기능 파악 답 ⑤

해 ㉮는 속세에 대한 욕망과 미련을 버린 채 풍류를 즐기고 있는 화자의 처지와 동일시되는 소재이다. 화자는 '백구'를 '벗'으로 표현하고 있는데, 이는 화자가 자연과 벗하며 사는 삶을 지향하고 있음을 보여 준다. 그에 비해 ㉯는 세속에 대한 욕심이 없는 화자와 달리 물고기를 탐내는 속물적인 대상으로 약육강식의 세태를 보여 주는 소재이다. 따라서 ㉯는 화자가 거리를 두려는 삶을 드러내는 소재로 볼 수 있다.
오 ① ㉮는 속세에 대한 욕망과 미련을 버린 채 풍류를 즐기고 있는 화자의 처지는 화자가 동질감을 느끼는 대상일 뿐 인생의 무상함을 느끼게 하는 대상으로는 볼 수 없다. 또한 ㉯는 혼탁한 현실 세태에 대해 비판적 태도를 드러내는 대상일 뿐 인생의 무상함과는 아무 관련이 없다.
② ㉮는 자연과 하나가 되어 살아가는 삶의 모습을 보여 주는 소재이기는 하지만, 자연의 섭리 자체를 상징한다고 보기는 어렵다. 또한 ㉯도 부정적 현실 세태를 보여 주는 소재일 뿐 자연의 섭리와는 아무 관련이 없다.
③ ㉮는 속세에 대한 욕망과 미련을 버린 채 풍류를 즐기는 화자의 처지와 동일시되는 대상이라는 점에서 화자의 갈등이 해소된 상태를 보여 주는 소재이다. 그에 비해 ㉯는 세속적 욕심이 없는 화자와 대조되는 대상이라는 점에서 화자의 갈등을 완화하는 소재로 볼 수 없다.
④ ㉮는 속세를 떠나 자연에 파묻혀 살아가는 현재의 상황에 대해 화자가 인식하게 해 주는 소재로는 볼 수 있다. 그러나 ㉯는 현실 세태의 부정적 속성을 드러낼 뿐 화자가 과거의 상황을 회고하는 계기가 되는 소재로는 볼 수 없다.

42. 외적 준거에 따른 작품 감상 답 ④

해 '당우는 언제던가 이내 몸 늦었도다'는 늙고 병들어 자연으로 귀의한 화자가 속세에 대한 모든 미련을 버렸음을 보여 주는 표현이다. 또한 '생각하면 다사한 듯'은 적막한 자연 속에서도 차를 달이기 위해 송자를 줍고, 출주를 거른 후에 갈건을 널어 놓는 등 할 일이 많다는 의미로 자연 속에 파묻혀 사는 삶에 대한 화자의 만족감을 보여 주는 표현이다. 따라서 이들 표현이 지난 삶에 대한 화자의 그리움과 안타까움을 반영하고 있다고 볼 수 없다.
오 ① '공명부귀도 구하기에 손이 설어'는 공명부귀의 삶을 실현하기에는 자신의 재주가 없음을 표현한 것이며, '빈천 기한을 일생에 겪었지만'은 화자가 평생 어려움을 겪으며 순탄치 않은 삶을 살아왔음을 표현한 것이다. 따라서 이들 표현은 뜻을 펼치지 못한 채 불우하게 살아온 화자의 처지를 의미한다고 볼 수 있다.
② 화자는 '세려'(세상의 근심)과 '기심'(부귀공명에 대한 기회를 엿보는 마음)을 모두 잊었다고 말하고 있다. 이는 정치에 대한 미련과 세속적 욕망을 모두 버리고 현실에 초연하고 싶어 하는 화자의 마음을 보여 주는 것이다.
③ 화자는 타고난 성품에 따라 살아가기를 바라고 있다. 그리고 그런 삶을 자연과 더불어 한적하게 살아가는 삶이라고 인식하고 있다. 따라서 '성분 품수를 저버리지 말자 하니'와 '이렇게 종노한들 어이하리'는 세상살이에 어둡지만 산수를 좋아하는 성품에 따라 자연에 귀의한 채 주어진 삶에 담담하게 순응하며 살아가려는 화자의 태도를 보여 준다고 할 수 있다.
⑤ 화자는 자연 속에서 자연과 더불어 한적한 삶을 살아가고 있다. '명월청풍은 함께 좇아 들어오네니'와 '만강 풍류를 한 배 위에 실어 오니'는 이러한 삶의 모습을 형상화한 것으로 볼 수 있다.

[43~45] (고전 소설) 임제, 「수성지」

해제 이 작품은 조선 선조 때의 문인 임제가 지은 한문 소설이다. 마음의 세계를 의인화한 천군 소설로, 사물이나 동물을 의인화하여 세상을 경계한 가전체의 전통을 잇고 있다. 천군이 국양의 도움을 받아 시름의 성인 수성(愁城)을 쳐서 수기(愁氣)를 물리치고 평온을 되찾는다는 내용으로 전개되는 이 작품은, 의인화된 존재인 술을 통해 현실의 문제가 해결되는 것으로 설정하며 사대부들이 추구한 성리학의 허구성을 우회적으로 비판하였고, 당시 조선 사회의 부조리를 없애고 간신을 몰아내어 밝은 사회를 만들어야 한다는 작가의 의식을 나타내었다.

주제 인간의 심적 조화의 필요성

전체 줄거리 천군이 다스리는 나라는 그의 신하들이 맡은 임무를 잘 수행해 주어 태평성대를 누리고 있었다. 하지만 어느 날 초췌한 두 사람이 찾아와 천군에게 허락을 받고 수성을 쌓게 된다. 이에 백성들이 항상 불안과 수심에 싸여 살게 되자 그 세력이 천군에게까지 미치게 된다. 주인옹은 수성을 없애 버릴 수 있는 방책을 제안하며 국양 장군을 추천한다. 국양 장군은 천군의 명을 받고 군사를 거느려 수성을 치게 되고, 마침내 항복을 받아 온 성 안은 화기가 돌고 수심이 일시에 없어진다.

43. 작품의 내용 파악 답 ②

해 주인옹이 천군이 통찰력을 가지고 나라를 다스려야 함을 강조한 것은 사실이다. 하지만 군사력을 바탕으로 해야 함을 강조하지는 않았다.

오 ① '천군이 상소를 다 읽고 허심탄회하게 받아들였지만, 문장을 즐기는 마음을 끝내 그만둘 수 없어 고금의 일을 읊조리곤 하였다.'에서 천군은 주인옹이 올린 상소를 허심탄회하게 받아들였지만 문장을 멀리하지는 않았음을 알 수 있다.

③ '군령이 지극히 엄하니 네가 군령을 담당하여 기둥을 찌르는 교만한 장수와 술을 피해 달아나는 노병이 없게 하라.'에서 국양 장군은 유장에게 군령을 담당할 것을 명하였음을 알 수 있다. '나아가고 물러서는 데 질서가 있었으며, 공격하여 전투를 벌이는 데 법도가 있었다.'를 통해 군중의 질서와 법도가 잡혔음을 확인할 수 있다.

④ '성안 가득한 사람들이 모두 항복할 생각뿐이었다. 오직 굴원만이 굴복하지 않고 머리를 풀어헤치고 달아나 어디로 갔는지 알 수 없었다.'에서 천군에게 명을 받고 출전한 국양 장군은, 수성 안의 사람들 모두를 굴복시키지는 못했음을 알 수 있다.

⑤ '이윽고 해구에 배를 정박한 뒤 즉시 장서기 모영을 불러 그 자리에서 격문을 짓게 하였다.'와 '출납관으로 하여금 소리 높여 격문을 읽어 수성 안에 두루 들리게 하니'에서 국양 장군은 장서기 모영을 불러 격문을 짓게 하고 출납관으로 하여금 그 격문을 읽게 하였음을 알 수 있다.

44. 감상의 적절성 평가 답 ④

해 '하물며 초나라에서 홀로 취하지 않은 굴원쯤이야 개의할 게 무엇 있겠느냐? 격문을 받는 날로 어서 백기를 들라!'라는 내용을 통해 볼 때, 굴원은 수성 안에 있는 주요 인물이므로, 천군이 다스리는 나라의 평온을 되찾기 위해 공을 세운 인물로 볼 수 없다.

오 ① 천군이 나라가 이미 잘 다스려지고 있고 평화롭다고 여기는 것은, 현실을 올바르게 직시하지 못하는 군주의 모습을 드러낸다고 할 수 있다.

② 무고하게 죽은 충신, 지사, 백성들이 모여 수성을 쌓은 것은, 작가가 인식한 당대의 부정적 현실을 드러낸 것이라고 할 수 있다.

③ 천군이 국양 장군을 불러 수성을 치라고 명한 것은, 현실 문제를 술을 통해 해결하는 모습을 드러낸 것이다. 즉 현실 문제를 해결하지 못하는 당대 집권층의 무능한 모습과 관련 있다고 할 수 있다.

⑤ 천군이 영대에 올라 온화한 바람과 따뜻한 햇빛을 맞이하게 된 것은, 수기가 사라지고 평온을 되찾게 된 상황을 나타낸 것이라고 할 수 있다.

45. 대화의 특징 파악 답 ④

해 [B]의 '제갈공명이 진을 벌여 풍운진을 펴고 초패왕 항우가 고금 제일의 용맹을 떨친다 한들'에서 가정적 상황을 설정하고 있는 것은 사실이다. 하지만 이를 활용하여 과거 자신의 행동에 대한 자책감을 드러내고 있는 것은 아니다.

오 ① [A]의 '작은 싹이 천 길 나무가 되고 잔 하나를 채울 정도의 물이 샘솟아 하늘에 닿을 만큼 큰 강이 된다는 점을 전혀 모르고 계신 것입니다.'에서 비유적 표현을 활용하여 자신의 생각을 드러내고 있다.

② [A]의 '『주역』에 '서리를 밟으면 단단한 얼음이 얼 때가 온다.'라는 말이 있듯이, 미세한 변화가 있을 때 방비하지 않아서는 안 되고, 조짐이 있을 때 막지 않으면 안 되는 법입니다.'에서 고서의 일부 구절을 인용하여 상대방에게 경계에 대한 조언을 하고 있다.

③ [B]의 '임금에게 쫓겨난 신하, 근심에 잠긴 아낙, 절개 있는 선비와 시인들이 수성을 찾아와 거울 속의 얼굴이 쉽게 시들고 머리카락이 서리처럼 하얗게 세니, 그 세력을 더 키워 제압하기 어려운 지경에 이르게 해서는 안 될 줄 안다.'에서 부정적 현실 상황을 근거로 하여 자신의 행위에 정당성을 부여하고 있다.

⑤ [A]의 '철인의 통찰력을 갖지 못하고 범인의 소견을 고집한다면 어찌 위태롭지 않겠습니까?', [B]의 '우리 앞에서는 아이들 장난에 불과하거늘, 어찌 우리를 당해 내겠느냐? 하물며 초나라에서 홀로 취하지 않은 굴원쯤이야 개의할 게 무엇 있겠느냐?'에서 설의적 표현을 통해 자신의 생각을 강조하여 전달하고 있다.

2020학년도 대학수학능력시험 대비

2019학년도 스핑크스 국어 영역 제2회 정답 및 해설

정 답

1	②	2	②	3	③	4	⑤	5	②
6	④	7	①	8	①	9	④	10	③
11	④	12	②	13	③	14	③	15	⑤
16	④	17	③	18	②	19	②	20	③
21	④	22	④	23	⑤	24	②	25	①
26	②	27	⑤	28	②	29	⑤	30	①
31	①	32	②	33	③	34	③	35	②
36	②	37	③	38	③	39	②	40	②
41	⑤	42	②	43	⑤	44	①	45	⑤

해 설

1. 강연자의 말하기 방식 이해 답 ②

해 강연 내용을 요약·정리하여 핵심 내용을 강조하는 부분은 주로 강연의 마무리에서 이루어진다. 그런데 이 강연에서는 이러한 특징이 드러나 있지 않고, 강연의 주제를 확대하여 제시하고 있다.

오 ① '비거노믹스는 동물성 재료를 쓰지 않고 음식물을 비롯해 다양한 제품을 만드는 전반적인 산업을 뜻하는 말입니다.'에서 강연에서 제시된 주요 용어를 정의하여 청중의 이해를 돕고 있음을 알 수 있다.
③ '제가 지난 강연의 말미에 언급했던 '비거노믹스' 기억하시나요? (대답을 듣고) 오늘은 그때 말씀드린 '비거노믹스'에 대해 설명드리고자 합니다.'에서 청중에게 지난 강연의 내용을 환기하며 화제를 밝히고 있음을 알 수 있다.
④ '유엔식량농업기구에 따르면 2050년에는 전 세계 인구가 현재보다 20억 명 늘고, 이들이 소비하는 육류가 연간 465만 톤에 달할 것이라고 합니다.'에서 인용한 자료의 출처를 밝혀 내용의 신뢰성을 확보하고 있음을 알 수 있다.
⑤ '전 세계적으로 채식 인구가 늘면서 ~ 다음 시간에 구체적으로 말씀드리도록 하겠습니다.'에서 다음 시간에 다룰 내용에 대해 언급하며 강연을 마치고 있음을 알 수 있다.

2. 자료 활용의 적절성 판단 답 ②

해 '블라인드 테스트 결과 고기 버거와 대체육 버거가 확연히 구분된다고 답한 소비자는 50명 중 4명에 불과했습니다. 대체육 제조 기술이 그만큼 안정화된 것이지요.'라는 내용을 주목해 볼 때, 소비자가 고기 버거와 대체육 버거의 차이를 구분하기 어려울 정도로 대체육 버거의 제조 기술이 안정화되었음을 강조하기 위해 ㉡을 제시하였음을 알 수 있다.

오 ① '사실 대체육 버거는 외양상 고기 버거와 전혀 차이가 없습니다.'라는 내용에 주목해 볼 때, 고기 버거와 대체육 버거가 겉으로 보기에 차이가 없음을 보여 주기 위해 ㉠을 제시하였음을 알 수 있다.
③ '현재는 육즙, 고기의 맛과 냄새, 고기의 식감까지 느끼게 하고 있습니다.'라는 내용에 주목해 볼 때, 과거에 비해 대체육을 만드는 기술이 더욱 정교해졌음을 보여 주기 위해 ㉢을 제시하였음을 알 수 있다.
④ '그 소비량에 맞추려면 매년 육류 생산량이 2억 톤씩 늘어나야 하는데요, 그것은 사실상 불가능합니다. 그런데 육류를 대체육으로 바꾸게 되면 소비량에 맞출 수 있는 것이지요.'라는 내용에 주목해 볼 때, 기업들이 대체육 개발하려는 이유를 통계를 바탕으로 구체적으로 설명하기 위해 ㉣을 제시하였음을 알 수 있다.
⑤ '이제는 화장품과 패션, 심지어 자동차 같은 물품들의 제조업에까지도 적용되고 있는 상황입니다.'라는 내용에 주목해 볼 때, 비거노믹스가 식품 제조업뿐만 아니라 다양한 분야로 확대되고 있음을 보여 주기 위해 ㉤을 제시하였음을 알 수 있다.

3. 청중의 반응 파악 답 ③

해 '청자 2'만 '블라인드 테스트의 설정은 정교하지 않은 것 같아. 고기 버거와 대체육 버거가 아니라, 고기 패티와 대체육 패티를 구분하는 실험이 되어야 하지 않을까?'와 같이 강연에 활용된 자료와 관련해 비판적 의문을 제기하고 있다.

오 ① '청자 2'는 '강연을 통해 '비거노믹스'의 개념을 정확하게 알게 되어 좋았어.'와 같이 새로운 사실을 알게 된 것에 대해 긍정적으로 평가하고 있다. 하지만 '청자 1'은 그러한 평가를 내리고 있지 않다.
② '청자 1'은 '외국의 경제 잡지에서 '2019년은 비건의 해다.'라는 말을 했다는 기사를 본 기억이 있어. '비건'이 '채식주의자'를 의미하는 단어이니, 이 강연의 화제인 '비거노믹스'의 열풍과도 무관하지 않을 것 같아.'와 같이 말하며 강연의 내용을 자신의 배경지식과 연결 지어 이해하고 있다.
④ '청자 1'만 '마침 이슈가 되는 경제 개념을 조사해 발표하는 수행평가가 있는데, '비거노믹스'를 주제로 삼아야겠어.'처럼 강연의 내용을 자신에게 주어진 문제를 해결하는 데 활용하려 하고 있다.
⑤ '청자 2'의 경우 강연을 듣고 버거노믹스의 개념을 제대로 알게 되었다고 하였으나, 부정확하게 알고 있던 버거노믹스의 개념을 두고 선입견이라고 부르긴 어렵다. '청자 1'의 경우 역시 화제에 대해 지녔던 선입견에 대한 언급이 없다.

4. 작문 계획의 적절성 답 ⑤

해 (가)의 4문단에서 ○○ 전통 시장이 특색 없는 운영, 시장 이용 불편 등으로 인해 야시장 운영을 실패했다고 서술하고 있지만, 이는 야시장 운영으로 발생하는 문제로 볼 수 없으며 그에 대한 해결 방안도 제시하지 않았다.

오 ① (가)의 1문단에서 지역 경제 활성화와 관광객 유치 확대를 위한 야시장 운영 사업을 연내 추진하는 데 큰 틀에서 합의했다는 내용이 서술되어 있다.
② (가)의 2문단에서 한울 전통 시장이 타 지역의 시장에 비해 규모가 크고 최근 유명 텔레비전 프로그램에 소개되면서 시장 인지도가 높아지고 있기 때문에 야시장 운영 사업의 경쟁력이 충분할 것이라고 서술하고 있다.
③ (가)의 2문단에서 푸드 트럭 운영, 문화 예술 공연 실시, 주차장 정비 등을 추진할 계획이라고 서술하고 있다.
④ (가)의 3문단에서 야시장 운영 사업이 시행될 경우 전통 시장의 가치 제고 및 발전에 기여할 것이라는 기대와, ○○ 전통 시장의 사례가 되풀이되는 것에 대한 우려 사항을 서술하고 있다.

5. 고쳐쓰기의 적절성 답 ②

해 <보기>에서는 '○○ 전통 시장의 관광객 수가 지속적으로 감소했다.', '매출도 많이 줄어들면서.', '야시장 사업 규모를 대폭 축소할 계획이다.'와 같이 수치를 밝히지 않고 서술하고 있으나, (가)에서는 '○○ 전통 시장의 관광객 수는 야시장 운영 첫해인 2015년 이래 연평균 3%P씩 감소했다.', '매출도 15%P 줄어들면서', '야시장 사업 규모를 현재 수준 대비 30% 축소할 계획이다.'와 같이 수치를 밝혀 정보의 정확성을 높이고 있다. 또한 <보기>에서는 자료의 출처를 밝히지 않고 있으나, (가)에서는 '전국 전통 시장 연합회 자료'라고 밝히며 내용의 신뢰성을 확보하고 있다.
오 ① (가)에서 보조 자료를 사용한 부분을 찾을 수 없다.
③ (가)에서 <보기>의 문장을 짧은 문장으로 나누어 서술한 부분을 찾을 수 없다.
④ (가)에서 <보기>에 사용된 용어를 교체하거나 인과 관계가 잘 드러나도록 <보기>의 정보를 다시 배열한 부분을 찾을 수 없다.
⑤ (가)에서 <보기>에 사용된 정보가 삭제되거나 맥락에 어울리지 않는 담화 표지를 수정한 부분을 찾을 수 없다.

6. 말하기 전략 평가 답 ④
해 [D]에서 상인 측은 예술 공연, 전시회, 패션 쇼 등 다양한 볼거리를 마련하겠다는 시청 측의 의견에 대해 ㉰와 관련하여 부족한 점을 지적하면서 이를 보완할 수 있는 대안을 제시하고 있다. 따라서 장점과 단점을 비교했다고 볼 수 없다. 또한 시청 측의 의견을 보완하기 위해 새로운 의견을 추가한 것에 해당할 뿐, 시청 측의 의견에 반대했다고 볼 수는 없다.
오 ① [A]에서는 푸드 트럭 설치를 위한 공간을 확보하기 위해 물건 진열대를 철수해 달라는 시청 측의 요구에 대해 시장 상인 측은 푸드 트럭을 운영하는 외부인들에게만 야시장 운영의 혜택이 돌아갈 수 있다는 문제 상황을 언급하면서 우려의 입장을 제시하고 있다.
② [B]에서 시청 측은 시장 상인들의 혜택을 보장하기 위해 푸드 트럭 중 15%는 시장 상인들에게 먼저 운영권을 부여하겠다는 계획을 밝히고 있다. 이에 대해 상인 측은 푸드 트럭 운영권의 부여 비율을 25%로 확대해 줄 것을 요구하고 있다.
③ [C]에서 상인 측은 먹거리 구역에만 관광객들이 몰리면 상인들 간 위화감이 조성될 수 있다며 문제의식을 드러내고 있다. 그러면서 이에 대한 대안으로 다른 구역도 업종의 특징을 고려하여 특색 있게 꾸미는 방안을 제시하고 있다.
⑤ [E]에서 상인 측은 주차 문제와 관련하여 시청 측의 입장을 수용하면서 상인들의 소득 증대를 위하여 온라인 전통 시장을 만들어 줄 것을 추가적으로 요청하고 있다.

7. 말하기 방식 추론 답 ①
해 ⓐ는 푸드 트럭이 설치될 경우 다양한 먹거리로 인해 관광객들이 야시장을 많이 찾을 것이라는 결과를 언급하고 있다. 이를 통해 푸드 트럭 운영에 대한 상대방의 동의를 유도하고 있다. ⓑ는 특색 있는 거리를 조성하고 예술 공연, 전시회, 패션 등 다양한 볼거리를 마련할 경우 다양한 연령대의 관광객들이 시장을 찾을 것이라는 결과를 언급하고 있다. 이를 통해 야시장에 다양한 거리를 조성하는 방안에 대한 상대방의 동의를 유도하고 있다. ⓒ는 관광객들을 위한 주차 공간을 최대한 늘릴 경우 관광객들의 시장 이용 만족도가 높아질 것이라는 결과를 언급하고 있다. 이를 통해 관광객들의 주차 공간을 늘리는 것에 대한 상대방의 동의를 유도하고 있다.
오 ② ⓐ~ⓒ 모두 상대방의 의견 중 이해가 되지 않는 부분에 대하여 설명을 요구하는 발화로 볼 수 없다.
③ ⓐ~ⓒ 모두 상대방이 제기할 수 있는 의문점을 언급한 것으로 볼 수 없으며, 그 타당성 여부에 대해서도 묻고 있지 않다.
④ ⓐ~ⓒ 모두 상대방에게 자신이 제시한 의견을 선택할 것을 간접적으로 권유하고 있다. 한편 ⓒ는 상대방 기대와 상반되는 상황을 제시하고 있다고 볼 수 있으나, ⓐ와 ⓑ는 상대방 기대와 상반되는 상황을 제시하지 않았다.
⑤ ⓐ~ⓒ 모두 상대방의 요구를 수용하는 데 필요한 조건을 제시하지 않았다.

8. 작문 맥락 파악 답 ①
해 (가)에서 학교 주변의 자동차 통행을 금지하는 제도를 주제로 토론을 한 경험에 대해 언급하고는 있지만, 이 문제에 대한 상반된 의견을 제시하지는 않았다. 오히려 글쓴이는 이 제도를 실시해야 한다는 의견만 제시하고 있다.
오 ② (가)의 글쓴이가 시사 토론 동아리의 경험을 기록하고 경험을 통해 느낀 점을 중점적으로 표현하고 있다. 그에 비해 (나)는 일상을 기록하려는 성격보다는 문제 해결을 위해 독자를 설득하려는 성격이 강하다.
③ (나)는 글쓴이에 관한 정보(□□ 고등학교 시사 토론 동아리 학생들)를 구체적으로 밝히고 있으며, 글을 쓴 목적(스쿨 존 시간제 차량 통행 제한 제도 시행에 대한 건의)에 대해 밝히고 있다.
④ (나)는 일정한 형식에 따라 상대방에 대한 예의를 갖추어 격식체로 표현하고 있다. 그에 비해 (가)는 형식과 표현의 제약을 받지 않고 자유롭게 자신의 생각과 느낌을 표현하고 있다.
⑤ (나)는 (가)의 글쓴이와 같은 생각을 가진 친구들이 글쓰기 과정에 공동으로 참여하여 작성한 글이다.

9. 고쳐쓰기의 적절성 답 ④
해 <보기>에서는 건의가 받아들여졌을 때 시청과 시민들 모두에게 미치는 긍정적 효과를 직접적으로 표현하라고 하고 있다. '어린이 자녀를 둔 시민들의 불안을 해소하여 삶의 만족도를 제고할 수 있'다는 내용은 시민들에 미치는 긍정적 효과에 해당하며, '시 운영에 대한 시민들의 신뢰와 지지를 얻을 수 있을 것'이라는 내용은 시청에 미치는 긍정적 효과에 해당한다.
오 ① 시청과 시민들 양쪽에 미치는 긍정적 효과가 제시하지 않았다.
② 시청에 미치는 긍정적 효과를 직접적으로 표현하였으나, 시민들에게 미치는 긍정적 효과를 제시하지 않았다.
③ 스쿨 존 시간제 차량 통행 제한 제도를 단계적으로 확대해 나가는 것의 효과를 제시하고는 있으나, 스쿨 존 시간제 차량 통행 제한 제도를 시행했을 경우 시청과 시민들 양쪽에 미치는 긍정적 효과를 제시하지 않았다.
⑤ 시민들에 미치는 긍정적으로 효과를 제시하고는 있으나, 시청에 미치는 긍정적 효과를 제시하지 않았다.

10. 추가 자료의 활용 방안 추론 답 ③
해 ㉮는 많은 시민들의 찬성과 동의를 얻어 스쿨 존 내 차량 통행 제한 제도를 성공적으로 운영하고 있는 사례를 소개하고 있다. 따라서 ㉮에서 이 제도의 시행을 반대하는 사람들이 많을 것이라는 내용을 이끌어 낼 수 없다.
오 ① ㉯의 1에서 전국의 경향과 달리 가람 시의 경우 스쿨 존 내 어린이 교통사고 발생 건수가 계속 증가하고 있음을 확인할 수 있다. 따라서 이를 활용하여 문제의 심각성을 부각할 수 있다.
② ㉯의 2에서 자동차 운전자가 스쿨 존에서 법규를 위반하는 사례가 많이 발생하고 있음을 확인할 수 있다. 또한 ㉰에서 교통안전 의식이 부족한 초등학교 1, 2학년 어린이들의 사고가 가장 많이 발생하고 있음을 확인할 수 있다. 이들 자료는 스쿨 존 내 교통사고 발생 가능성을 완벽하게 차단할 수 없는 이유를 보여 준다.
④ ㉮는 정책 토론회를 실시하여 많은 시민들이 제도 시행에 대한 의견을 공유할 수 있도록 한 사례를 소개하고 있다. 따라서 이를 활용하여 시민들의 의견을 수렴할 수 있는 방안을 구체화할 수 있다.
⑤ ㉮는 교통 혼잡이 극심한 곳은 스쿨존 내 차량 통행 제한 시간을 축소하여 운영한 사례를 소개하고 있으며, ㉰는 스쿨 존 내 교통사고가 하교 시간에 집중적으로 발생하고 있음을 보여 주고 있다. 따라서 이들 자료들을 활용하면 교통 혼잡이 심할 것으로 예상되는 경우 이를 해결

할 수 있는 방안으로 스쿨 존 내 차량 통행 제한 시간을 축소하여 운영하는 방식을 제시할 수 있다. 또한 교통사고가 많이 일어나는 하교 시간에 한해 차량 통행을 제한하는 방안도 교통사고 감소에 효과적이라는 내용을 제시할 수 있다.

11. 음운 변동의 이해 답 ④

해 ⓜ을 발음하면 '급'의 종성인 'ㅂ'과 '한'의 초성인 'ㅎ'이 축약되어 [그판]으로 발음된다. 따라서 자음 축약, 즉 거센소리되기 현상이 일어난다. 한편 ⓢ을 발음하면 [세미언네]이다. 이는 '셈이었네→세미었네→세미얻네→[세미언네]'와 같은 단계를 상정해 볼 수 있으므로 연음, 음절의 끝소리 현상, 비음화가 일어난 것이라고 할 수 있다. 따라서 ⓢ을 발음할 때 자음 축약은 일어나지 않는다.

오 ① ⓛ은 '넓'의 겹받침 중 'ㄹ'은 종성에서 발음되고 'ㅂ'은 뒤로 연음되어 [널븐]으로 발음된다. 따라서 자음군 단순화가 일어나지 않는다. 그러나 ㉠은 '넓고→넓꼬→[널꼬]'가 되므로 된소리되기와 자음군 단순화가 일어난다.

② ⓛ이 [널븐]으로 발음되는 것은 'ㅂ'이 뒤 음절의 초성으로 연음된 것이고, ㉣의 발음에서도 '살'의 'ㄹ'이 뒤 음절의 초성으로 연음된다.

③ ⓒ에서 '가'의 초성이 'ㄱ'이 아니라 'ㄲ' 소리로 나는 것은 앞 음절의 받침에서 나는 'ㄷ' 소리로 인한 된소리되기이다. 또 ㉣에서 '살'의 초성이 'ㅅ'이 아니라 'ㅆ' 소리로 나는 것은 앞 음절의 받침에서 나는 'ㄱ' 소리로 인한 된소리되기이다.

⑤ ⓗ은 '찾는→찯는→[찬는]'으로 바뀌므로 받침의 'ㅈ'이 음절의 끝소리 현상에 의해 'ㄷ'으로 바뀌었다가 그 뒤에 오는 'ㄴ'으로 인해 비음화된 것이다. 또 ⓢ인 '셈이었네'는 '셈이었네→세미었네→세미얻네→[세미언네]'와 같은 단계를 상정해 볼 수 있으므로 연음, 음절의 끝소리 현상, 비음화가 일어난 것이다.

12. 인용 표현의 이해 답 ②

해 (1)을 간접 인용 표현이 사용된 문장으로 바꾸면 '어제 할머니께서는 당신도 떡은 됐다가 오늘 드실 거라고 말씀하셨다.'처럼 된다. 이때 (1)에서 사용된 1인칭 대명사 '나'는 할머니를 가리키는데, 간접 인용 표현으로 바꿀 때 높임의 재귀칭 '당신'으로 바꾸어야 함을 알 수 있다.

오 ① (1)에서 '오늘'로 바뀌어야 하는 부사어는 할머니께서 하신 말씀 중에 들어 있는 '내일'이다. '어제'는 할머니께서 말씀을 하신 때를 가리키는 부사어이므로 '오늘'로 바꾸지 않아야 한다.

③ (1)을 간접 인용 표현이 사용된 문장으로 바꿀 때 '먹을'을 '드실'로 바꾸어야 하지만, 이는 객체 높임 표현이 아니라 주체 높임 표현에 해당한다.

④ (2)를 직접 인용 표현이 사용된 문장으로 바꾸면 '영희는 "숙제를 꼭 해 오겠습니다."라고 선생님께 말씀드렸다.'와 같이 된다. 따라서 인용 표현임을 표시하는 조사는 '고'에서 '라고'로 바꾼다고 해야 맞는 말이 된다.

⑤ (2)를 직접 인용 표현이 사용된 문장으로 바꾸더라도 '선생님'에 붙은 부사격 조사 '께'는 그대로 두어야 한다.

13. 중세 국어의 특징 추론 답 ③

해 ㄱ의 '죵가(죵+-가)'에서는 명사 '죵' 뒤에 어미 '-가'가, ㄴ의 '므스것고(므스+것+-고)'에서는 명사 '것' 뒤에 어미 '-고'가 붙어 있는 형태가 쓰였음을 알 수 있다.

오 ① ㄱ에서 '묻ᄌᆞᄫᅩᄃᆡ(묻-+-ᄌᆞᇦ-+-오-+-ᄃᆡ)'를 통해 객체를 높이는 선어말 어미가 쓰였음을 알 수 있다. 그러나 ㄴ에서는 객체 높임 선어말 어미가 쓰인 부분을 찾을 수 없다.

② ㄴ에서 '므스것고(므스+것+-고)'의 '므스것'을 통해 의문사가 있는 설명 의문문이 쓰였음을 알 수 있다. '므스것'은 지시 대명사로, 의문사에 해당한다.

④ ㄱ에서 'ᄯᆞ리(ᄯᆞᆯ+이)'를 통해 우리말 체언의 종성이 뒷말에 연철되어 쓰였음을 알 수 있다. '묻ᄌᆞᄫᅩᄃᆡ(묻-+-ᄌᆞᇦ-+-오-+-ᄃᆡ)'의 경우 연철이 된 것은 맞지만 체언의 종성에서 일어난 것은 아니다.

⑤ ㄴ에서 '얻는(얻-+-는)'을 통해 관형사형 어미(-는)를 통해 형성된 관형절이 쓰였음을 알 수 있다.

14. 음운론적 이형태와 형태론적 이형태 탐구 답 ③

해 '-었-'이 나타난 자리에 '-았-'이 나타나지 않은 것은 선행 용언의 어간이 모음으로 끝났기 때문이 아니라, 선행 용언의 어간 끝음절에 있는 모음이 양성 모음이 아니기 때문이다.

오 ① '저기를', '저기을'의 사례를 생각해 볼 때, '를'이 나타나는 자리에는 목적격 조사 '을'이 나타날 수 없음을 알 수 있다. '을/를'은 상보적 분포를 보이는 이형태이기 때문이다.

② '-어라'를 쓰지 않고 '-아라'를 쓴 것은 선행 용언의 어간 끝음절에 있는 모음이 양성 모음이기 때문이다. 만약 '접다'와 같이 선행 용언의 어간 끝음절에 있는 모음이 음성 모음이었다면 '-어라'를 써서 '접어라'가 되었을 것이다.

④ 형태론적 조건에 의해 교체되는 형태소는 형태론적 이형태라고 하는데, 그 예로는 과거 시제 선어말 어미 '-였-'이 있다.

⑤ '-었-', '-였-'은 과거 시제 형태소의 이형태에 해당한다. 이들은 구체적인 언어 환경에서 언어적 조건에 따라 서로 교체되어 쓰였다. 그러므로 상보적 분포를 보인다고 할 수 있다.

15. 형태소의 자동적 교체와 비자동적 교체 답 ⑤

해 자동적 교체는 음운론적으로 부적격한 음의 연쇄가 초래되는 경우 규칙적으로 일어나는 교체를 의미하고, 비자동적 교체는 음운론적으로 부적격한 음의 연쇄가 초래되는 것은 아닌 환경에서 불규칙적으로 일어나는 교체를 의미한다. '받-'의 종성 'ㄷ'이 전성 어미 '-는'의 초성 'ㄴ' 앞에서 'ㄴ'으로 교체되는 경우는 폐쇄음 'ㄷ'과 비음 'ㄴ'은 연쇄가 될 수 없어 생기는 자동적 교체에 해당한다. 그리고 '푸르-'에 결합되는 연결 어미 '-어'가 '-러'로 교체되는 경우는 '러' 불규칙 활용과 관련된 것으로, 음운론적으로 부적격한 음의 연쇄가 초래되는 경우가 아니기 때문에 비자동적 교체에 해당한다.

오 '묻-'의 종성 'ㄷ'이 연결 어미 '-어' 앞에서 'ㄹ'로 교체되는 경우는 'ㄷ' 불규칙 활용과 관련된 것으로, 음운론적으로 부적격한 음의 연쇄가 초래되는 경우가 아니므로 비자동적 교체에 해당한다. 한편 '잡-'의 종성 'ㅂ'이 전성 어미 '-는'의 초성 'ㄴ' 앞에서 'ㅁ'으로 교체되는 경우는 폐쇄음 'ㅂ'과 비음 'ㄴ'이 연쇄가 될 수 없어 생기는 자동적 교체에 해당한다.

[16~19] (인문) 「리처드 로티의 철학」

해제 이 글은 미국의 신실용주의 철학자인 리처드 로티의 철학을 설명하고 있다. 로티는 형이상학을 비판하면서 현대 사회에서 철학이 수행해야 할 새로운 역할로 문예 비평 활동을 제시하였다. 문예 비평 활동은 언어 자체 또는 언어를 사용하는 활동에 대한 비판적 활동을 포괄하는 개념으로 새로운 어휘나 참신한 은유 등을 창안하는 창조적인 재서술을 가능하게 한다. 또한 사적 영역과 공적 영역에서 문예 비평 활동이 수행하는 기능을 설명하고 있다. 사적 영역에서 문예 비평 활동은 어휘 창안의 산물로서의 자아를 자유롭게 창조하기 위해 참신한 어휘를 사용하여 자아를 재서술하게 해 준다. 또한 공적 영역에서 문예 비평 활동은 '잔인성'을 최소화할 수 있도록 타인의 고통에 대한 정서적 공감대를 확대하고, 사회에 대한 비판을 통해 공적 영역의 낡은 어휘를 새롭게 교체하는 역할을 한다. 로티는 사적 영역과 공적 영역의 양립과 공존이 가능하다고 말하며 이상적 지식인 상으로 자유주의적 아이러니스트를 제안한다.
주제 리처드 로티의 철학 이론의 개념과 특징
구성
1문단 : 문예 시대에서 철학적 활동의 목적
2문단 : 문예 비평 활동의 개념과 특징
3문단 : 사적 영역에서의 문예 비평 활동
4문단 : 공적 영역에서의 문예 비평 활동
5문단 : 사적 영역과 공적 영역의 조화

16. 내용 전개 방식 파악 답 ④
해 2문단에서 '문예 비평'의 개념을 설명한 후 창조적 재서술을 가능하게 하는 '문예 비평'의 특징을 제시하고 있다. 또한 3문단에서는 사적 영역에서 '문예 비평'의 역할을, 4문단에서는 공적 영역에서의 '문예 비평'의 역할을 분석하고 있다.
오 ① 로티 철학의 개념과 특징에 대해 설명하고 있을 뿐, 로티 철학이 변화하는 과정을 서술하고 있지는 않다.
② 사적 영역과 공적 영역으로 분류하여 로티 철학의 이론을 설명하고 있으나, 쟁점을 제시하고 있지는 않다.
③ 서구 문화의 변화와 연관 지어 로티 철학을 설명하고 있다는 점에서 로티 철학이 성립하게 된 배경을 언급했다고 볼 수 있다. 그러나 로티가 계승하여 발전시킨 이론을 소개하고 있지는 않다.
⑤ 형이상학과의 차이점을 중심으로 로티 철학의 특징을 설명하고는 있으나, 공통점에 대해 언급하고 있지는 않다. 또한 로티 철학의 의의와 한계에 대해 평가하고 있지 않다.

17. 글의 핵심 정보 이해 답 ③
해 로티는 실재나 진리를 정확하게 표상할 수 있다고 보는 형이상학을 비판하였다. 또한 사적 영역의 문예 비평 활동에서 각자가 자신의 삶과 행동을 정당화하기 위해 가지고 있는 가치관이나 신념을 의미하는 '마지막 어휘'의 자율성을 강조하였다. 이 어휘는 현재의 수준에서 최종적 서술에 해당하며, 더 나은 대안적 어휘가 나타났을 때 교체될 수 있다는 점에서 최종적 서술을 확정하는 것을 목적으로 한다는 진술은 적절하지 않다.
오 ① 3문단에서 문예 비평 활동은 사적 영역과 공적 영역에서 서로 다른 기능을 수행한다고 진술하고 있다.
② 2문단에서 로티가 이성적인 사유를 통해 참된 진리를 얻는 데 사용한, 추론의 방식인 논증을 비판했다고 진술하고 있다.
④ 2문단에서 문예 비평 활동이 새롭고 다양한 맥락과 시각으로 언어를 재배열하면서 새로운 어휘나 참신한 은유 등을 창안하는 창조적인 재서술을 가능하게 한다고 진술하고 있다.
⑤ 2문단에서 문예 비평 활동은 인간의 이성, 사물의 본성, 객관적 진리 등과 같이 현재적 담론의 장에서 유용성을 잃은 도구에 의한 서술을 반복하는 것에서 벗어나 창조적 재서술을 수행하는 활동이라고 진술하고 있다.

18. 내용의 비판적 이해 답 ②
해 ㄴ. 4문단에 따르면 로티는 공적 영역에서의 문예 비평 활동은 '잔인성'을 최소화하는 역할을 해야 한다면서, 이를 위해 자유주의자들이 타인에게 잔인한 행위를 하는 것을 가장 나쁜 짓이라고 인식해야 한다고 주장하였다. 이는 인간의 마음에 잔인성을 나쁜 것이라고 인식하는 공통된 속성, 즉 본성이 존재한다는 의미로 볼 수 있으므로 ㄴ은 로티의 철학을 비판적으로 이해한 내용으로 적절하다.
ㄹ. 4문단에 따르면 로티는 공적 영역에서 문예 비평 활동의 지향점으로 자유 민주주의 사회의 발전을 강조하였다. 이는 로티가 자유 민주주의 사회만을 가치 있고 유용한 사회 체제로 인정했음을 의미한다. 따라서 자유 민주주의 사회를 제외한 다른 사회 체제를 인정하지 않는 것이 보편적 진리를 추구하는 태도와 유사하다고 지적한 ㄹ은 로티의 철학을 비판적으로 이해한 내용으로 적절하다.
오 ㄱ. 4문단에 따르면 로티는 사회적 약자들과 연대해야 한다고 주장하면서 이를 위해 타인의 고통에 대한 예민한 감수성을 지녀야 함을 강조하였다. 따라서 로티가 사회 비판을 위한 이성적 활동을 중시했다는 비판은 적절하지 않다.
ㄷ. 3문단에서 로티는 모든 개념은 존재론적으로 구분되는 것이 아니라 임의적 구별일 뿐이라고 말하였다. 따라서 사적 영역과 공적 영역의 구분도 임의적 구별에 해당한다고 볼 수 있다. 그러나 5문단에 따르면 로티는 사적 영역과 공적 영역의 양립과 공존이 가능하다고 보았으므로, 로티가 이들 영역이 공존을 이루는 상태가 불가능하다고 단정했다는 비판은 적절하지 않다.

19. 추가 정보와 글의 핵심 개념 비교 답 ②
해 칸트는 인간이라면 누구에게나 보편적인 도덕률이 있다고 보았으며, 이성적 존재인 인간이 이 보편적 법칙에 따라 자발적으로 행동하려는 의지를 지니고 있다는 점에서 인간을 '자율적인 존재'라고 보았다. 이는 자아의 보편성을 강조한 것이다. 그에 비해 로티는 인간은 각자 주관적 가치관이나 신념을 지니고 있으며 자아를 자유롭게 창조할 수 있다고 보았다. 이는 자아가 상대성이나 주관성을 지니고 있다고 본 것이다.
오 ① 칸트는 '보편적인 도덕률', 즉 보편적 진리나 법칙이 존재한다고 보고 있으나, 로티는 인간의 이성, 객관적 진리 등은 실재하는 것이 아니라 실용적 목적에 따른 임의적 구별일 뿐이라고 보고 있다.
③ 프로이트는 자아나 주체는 단일성이나 통일성을 갖지 않는다고 보고 있다. 로티 역시 인간은 각자 다른 가치관이나 신념을 가지고 있으며 자아를 자유롭게 창조할 수 있다고 보았다. 따라서 이들 모두 자아의 본성이 실재하지 않는다고 보고 있다.
④ 프로이트는 인간의 성향은 유년기의 우연적 환경과 독특한 경험에서 기인한다고 보고 있다. 로티 역시 인간의 가치관이나 신념은 우연하다고 보았다. 따라서 이들 모두 자아나 주체는 고정적이거나 주어진 것이 아니라고 보고 있다.
⑤ 프로이트는 자아가 주어진 것은 아니라 사회적 질서가 요구하는 규칙을 받아들이면서 만들어진다고 보고 있다. 로티도 자아가 언어 창안의 산물이라고 보았으나, 사회적 질서나 권위주의적 힘으로부터 해방하여 자아를 자유롭게 창조할 수 있다고 한 점에서 프로이트와 차이가 있다.

[20 ~ 24] (사회) 「주택 금융 대출과 상환 방식」
해제 이 글은 주택 금융 대출의 종류와 대출 규제, 상환 방식 등에 대해 설명하고 있는 글이다. 주택 금융 대출은 금융 기관이 이자를 부과하는 방식에 따라 크게 고정 금리 대출과 변동 금리 대출로 나누어 볼 수 있다. 대출 금리 결정의 유불리는 상황에 따라 다르며, 일반적으로 고정 금리 대출은 변동 금리보다 금리가 높다. 한편 금융 기관에서는 대출자의 채무 불이행을 고려하여 대출 한도를 설정하며, 이는 국가적 관심사이기도 하다. 따라서 정부는 대출 한도와 관련하여 LTV와 DTI 규제를 시행하고 있으며, 결과적으로 대출 한도는 LTV와 DTI, 현재의 주택 가치와 대출자의 고정 소득에 의해 결정된다. 대출금 상환 방식은 거치식 상환, 원금균등상환, 원리금균등상환 방식이 있는데 거치식 상환은 부동산 투기와 가계 부채 증가와 같은 부작용으로 인해 현재 시행되고 있다.
주제 주택 금융 대출과 대출금 상환 방식
구성
1문단 : 주택 금융의 개념과 금융 기관의 이자 부과 방식
2문단 : 고정 금리와 변동 금리의 결정 방법
3문단 : 대출 금리 결정의 유불리
4문단 : 정부의 대출 규제 방법(LTV, DTI)

5문단 : 대출 상환 방식 1(거치식 상환)
6문단 : 대출 상환 방식 2(원금균등상환, 원리금균등상환)

20. 세부 내용의 파악 답 ③

해 4문단에서 대출 한도는 LTV와 DTI 그리고 현재의 주택 가치와 대출자의 고정 소득에 의해 결정된다고 하였다. 2문단에서 금융 기관이 자금을 조달하는 금리는 대출 금리에 영향을 미친다고 하였다.

오 ① 2문단에 따르면 CD 금리는 시중의 단기 자금 상태를 나타내는 지표로 활용되며, 기준 금리 산정에 활용된다.
② 2문단에서 우대 금리는 금융 기관의 마케팅 전략에 따라 달라질 수 있으며, 고정 금리를 계산할 때 대출자에게 금리를 감면하는 역할을 한다는 내용을 확인할 수 있다.
④ 5문단에서 거치식 상환은 부동산 투기와 가계 부채를 증가시키는 원인으로 지목되어 2017년 이후에는 반드시 대출금 상환 시 원금 일부를 상환하도록 했다는 내용을 확인할 수 있다.
⑤ 3문단에서 금융 기관이 고정 금리로 대출한 경우 시중 금리의 상승으로 예금 금리가 대출 금리보다 높은 역마진이 발생하면 금융 기관에 손실이 발생할 수 있다고 언급하고 있다.

21. 이유, 전재의 추론 답 ④

해 일반적으로 고정 금리 대출을 실행할 때 변동 금리보다 대출 금리를 높게 설정하는 것은, 고정 금리 대출의 경우 변동 금리 대출과 달리 시중 금리의 변화에 따라 금리를 변화시킬 수 없으므로 시중 금리가 올라 발생하는 예대 마진의 감소나 역마진의 발생에 대비하기 위한 것이다. 금융 기관에서는 시중 금리의 변동에 따라 금융 기관의 수입이 줄거나 손실이 발생하는 것에 대비하기 위해 3문단에서 언급한 것과 같이 고정 금리를 애초에 변동 금리보다 높게 설정하는 것이다.

오 ① 고정 금리를 변동 금리보다 높게 설정하는 것이 대출자에게 유리한 대출 조건을 제공하는 것은 아니다.
② 금융 기관은 이윤 추구를 위해 예금 금리를 대출 금리보다 낮게 설정하며, 이는 고정 금리나 변동 금리 모두 마찬가지이다. 그러므로 이러한 금융 기관의 금리 설정과 고정 금리를 변동 금리보다 높게 설정하는 것과는 관련이 없다.
③ 고정 금리를 변동 금리보다 높게 설정하는 것과 대출자의 채무 불이행은 직접 관련이 없다. 대출자의 채무 불이행은 금리의 급작스러운 상승이나 대출자의 소득 감소 등으로 인해 대출자가 매기 상환해야 하는 원금과 이자를 부담할 수 없는 경우에 발생한다.
⑤ 예금 금리와 대출 금리의 차이를 크게 하여 금융 기관의 예대 마진을 극대화하려면 고정 금리, 변동 금리 모두 대출 금리를 예금 금리보다 최대한 높게 설정하면 된다.

22. 세부 정보의 비교 답 ④

해 ㉯는 상환이 이루어질수록 매기 상환하는 금액, 즉 균등 원리금에서 이자 부담은 낮아지고 대출 원금의 비중은 높아진다. 그러므로 매기 상환하는 금액 중 이자의 액수가 대출 원금의 액수보다 큰 것은 아니다. 특히 상환 기간이 거의 끝나갈 때에는 대출 원금의 액수가 이자의 액수보다 커진다.

오 ① ㉮는 대출 원금을 상환 기간으로 나눈 평균액을 매기마다 동일하게 상환하는 방식이다.
② ㉮는 대출 원금을 상환 기간으로 나눈 평균액과, 잔여 원금을 기준으로 책정한 이자를 함께 상환하는 방식이다. 그러므로 매기마다 상환하는 원금은 같지만 매기마다 잔여 원금이 이전 기에 비해 줄어들어 이자가 작아지므로 매기 상환해야 하는 금액은 점점 줄어든다.
③ ㉯는 대출 이전에 대출 원금과 이자를 합산한 후, 이를 상환 기간으로 나누어 상환 기간 내내 동일한 금액의 균등 원리금을 상환하는 방식이다. 그런데 상환 기간이 경과할수록, 매기 상환하는 원금으로 인해 대출 원금의 잔액이 줄어들기 때문에 이자는 점점 감소한다. 따라서 상환하는 대출 원금은 균등 원리금에서 이자를 뺀 값이므로 점차 증가한다고 볼 수 있다. 결과적으로 ㉯는 매기 상환하는 금액에서 대출 원금이 차지하는 비율은 커지고 이자의 비율은 감소한다고 볼 수 있다.
⑤ ㉮는 매기 상환하는 대출 원금은 같고 이자는 줄어들기 때문에 상환 기간 내내 매기 상환하는 금액이 점차 감소한다. 또 ㉯는 대출 원금과 이자를 합산한 후 이를 상환 기간으로 나눈 균등 원리금을 매기에 상환한다. 그러므로 ㉯는 매기 상환하는 금액이 상환 기간 내내 동일하다.

23. 구체적 사례에의 적용 답 ⑤

해 LTV 60%까지 대출이 가능하다는 것은 대출 금액이 현재의 주택 가치에 60%를 넘을 수 없다는 의미이다. 그러므로 A 씨가 대출 기간을 10년으로 줄인다고 해도 현재의 주택 가치와 LTV 비율에는 변화가 없으므로 대출 한도에는 변함이 없다. 또 DTI 40% 규제는 연간 상환하는 원금과 이자의 총합이 연간 고정 소득의 40%를 넘을 수 없다는 의미이다. 그런데 대출 기간이 10년으로 줄어든다고 해도 A 씨의 연간 고정 소득과 DTI 비율은 변하지 않으므로 연간 상환하는 원금과 이자의 총합 한도는 변화하지 않는다.

오 ① LTV 60%까지 대출이 가능하므로 매입하려는 주택의 현재 가치인 7억 원의 60%인 4억 2천만 원이 LTV 규제가 허용하는 최대 대출 한도이다.
② A 씨는 5억 원짜리 주택을 처분하고 7억 원짜리 주택을 매입하려고 하므로 2억 원의 대출을 받아야 한다. 아울러 금리가 3%이므로 이자의 총액은 2억 원의 3%인 6백만 원이 된다. 그러므로 A 씨가 원리금균등상환방식에 의해 상환해야 할 총 금액은 2억 6백만 원이 된다.
③ DTI 규제는 연간 상환해야 하는 원금과 이자의 총합이 연간 고정 소득에 정해진 DTI 비율을 곱한 값을 넘을 수 없다는 것이다. 그러므로 DTI 규제에 의해 A 씨가 연간 상환해야 하는 원금과 이자의 합은 4천만 원을 넘을 수 없다.
④ A 씨가 현재의 주택 가치 10억 원짜리 주택을 매입하려면 5억 원의 대출을 받아야만 한다. 그런데 LTV 60%까지 대출이 가능하므로 현재의 주택 가치 10억 원의 60%에 해당하는 6억 원이 LTV 규제에 의한 최대 대출 한도가 된다.

24. 어휘의 문맥적 의미 파악 답 ②

해 ⓐ의 '찾다'는 '어떤 것을 구하다.'라는 의미로 사용되었다. 그러므로 '자기 이익과 안일만을 구하다.'라는 의미로 사용된 ②의 '찾다'와 그 의미가 가장 가깝다.

오 ①의 '찾다'는 '원상태를 회복하다.'라는 의미로 사용되었다.
③의 '찾다'는 '잃거나 빼앗기거나 맡기거나 빌려주었던 것을 돌려받아 가지게 되다.'라는 의미로 사용되었다.
④의 '찾다'는 '모르는 것을 알아내기 위하여 책 따위를 뒤지거나 컴퓨터를 검색하다.'라는 의미로 사용되었다.
⑤의 '찾다'는 '어떤 사람을 만나거나 어떤 곳을 보러 그와 관련된 장소로 옮겨 가다.'라는 의미로 사용되었다.

[25～30] (융합 : 과학 + 인문) 「플랑크의 양자 가설과 그 영향」

해제 이 글은 플랑크의 양자 가설을 과학에 대한 기존의 인식을 전복시키는 하나의 과학적 사건으로 규정하고 있다. 그러면서 이것이 현대 물리학의 기초를 마련하였으며, 과학뿐만 아니라 예술에도 영향을 주었다고 밝히고 있다. 플랑크의 양자 가설은 에너지가 연속적으로 존재한다는 기존의 인식 때문에 흑체의 복사에 대해 설명하지 못한 고전 물리학을 극복하고 에너지는 불연속적인 값을 가지며 일정한 덩어리 크기의 형태로만 주고받을 수 있다는 것을 설명하였다. 이는 과학이 세계의 불확실성이나 애매함을 인정하고 비결정론적 개연성을 받아들일 수밖에 없다는 것을 시사하였고 이로써 질서정연함, 객관성을 강조하는 고전 물리학의 자연관이 전복되었다. 이러한 의식은 예술에도 영향을 주어 소설에서는 현실의 모사 가능성에 대한 회의, 서술자의 특권적 지위에 대한 부정이 나타났다.

주제 플랑크의 양자 가설의 의미와 영향

구성

1문단 : 복사와 복사 에너지
2문단 : 흑체의 복사 에너지
3문단 : 흑체의 복사 에너지를 설명하는 플랑크의 이론
4문단 : 플랑크 양자 가설의 의미와 영향
5문단 : 현대 물리학이 예술의 소설에 미친 영향
6문단 : 소설에 대한 변화된 인식

25. 중심 내용의 파악 답 ①

해 플랑크의 양자 가설에 대해 설명하고 플랑크의 양자 가설을 기존의 인식을 전복시키는 하나의 과학적 사건으로 규정하였다. 그러면서 이것이 현대 물리학의 기초를 마련하였고, 과학을 넘어 예술 전반에까지 영향을 미친 영향을 소설을 중심으로 밝히고 있다.

오 ② 플랑크의 양자 가설을 과학적 사건으로 규정하고 그것의 의미와 영향에 대해서는 설명하였다. 그러나 이를 증명할 여러 구체적 사례를 제시하고 있지는 않다.

③ 흑체의 복사 에너지와 관련하여 고전 물리학의 입장과 플랑크의 입장이 대립적이기는 하지만 이를 절충해 나간 방식을 소개한 것은 아니다.

④ 과학적 사건으로 규정되기 위한 조건을 설명하고 있지 않다. 과학적 사건과 예술적 사건을 비교하여 서술하고 있는 것도 아니다.

⑤ 고전 물리학자들의 생각을 부정하고 새로운 관점으로 흑체의 복사 에너지를 설명한 것을 플랑크의 양자 가설이 정립된 과정으로 볼 수는 있으나 이 이론이 사회 제도에 미친 영향을 다양한 관점에서 분석하고 있지는 않다.

26. 세부 내용의 파악 답 ②

해 3문단에서 $E_n = nhf$의 에너지 공식에 따르면 n은 양의 정수이기 때문에 각 입자의 에너지는 hf, $2hf$와 같이 불연속적인 값만을 가질 수 있다. 플랑크 상수 때문에 에너지가 불연속적인 값만을 가질 수 있는 것이 아니라 양자수 때문에 불연속적인 값만을 가질 수 있는 것이다.

오 ① 2문단에서 고전 물리학자들은 흑체에 가까운 물체를 생각해 냈으며, '내부의 벽은 벽 표면의 온도에 해당하는 복사 에너지를 방출할 것'이라고 예측하였다고 말하고 있다.

③ 4문단에서 플랑크의 양자 가설은 과학적 법칙이 기계적 인과 관계를 벗어날 수 있음을 보여준 것이라고 말하고, 이것이 고전 물리학의 인식을 전복시키는 것이라고 밝히고 있다. 고전 물리학자들은 과학적 법칙에서는 기계적 인과 관계가 성립한다고 본 것이다.

④ 1문단에서 복사란 분자들의 열 진동에 의해 발생되는 에너지가 전자기파의 형태로 방출되는 것이라고 말하고, 전기난로를 예로 들고 있다.

⑤ 4문단에서 현대 물리학은 물체는 확정적이지 않은, 애매한 위치와 운동량을 갖는다는 점을 강조한다고 언급하고 있다.

27. 개념의 이해 및 적용 답 ⑤

해 ㉠ 1문단에서 복사 에너지는 스테판의 공식에 따라 구할 수 있는데, 이 공식은 입사되는 모든 에너지를 흡수하는 이론상의 물체에 적용이 된다고 하였다. 따라서 흑체의 경우 $p = \sigma Ae T$4에 따라 표면적이 클 경우 표면적이 작은 흑체보다 복사 에너지가 클 것이다.

㉡ 현실의 물체들은 표면 특성에 따라 0에서 1 사이의 e 값을 갖는다. 어떤 물체가 에너지를 받게 되면 받는 에너지를 전부 흡수하는 것이 아니라 표면의 특성에 따라 일부는 흡수를 하고 나머지는 반사하거나 투과시킨다.

㉢ 흑체는 흡수율과 복사율이 모두 1로 같다. 따라서 받은 에너지 전부를 복사할 것이다.

㉣ 거울은 매우 낮은 흡수율을 갖는다. 이는 거울의 복사율도 매우 낮다는 의미이다. 흑체의 복사율은 1이므로 거울의 흡수율은 흑체의 복사율보다 낮다.

28. 이해의 적절성 파악 답 ②

해 ㉠은 <그림2>와 같이 나타나는 흑체 복사의 측정 결과를 설명하기 위해 플랑크가 내놓은 이론이다. 이 이론에 따른 에너지 공식이 $E_n = nhf$이지만 이 공식이 임의의 양의 정수를 구하는 공식은 아니다. 이 공식은 입자의 진동수, 플랑크 상수, 임의의 양의 정수를 통해 입자의 에너지를 설명하는 공식이다.

오 ① 고전 물리학자들의 입장에 따르면 복사 에너지는 파장이 짧을수록 세기가 무한대로 증가하는 연속적인 하나의 선이어야 한다. 그러나 측정 결과는 이와 다르게 나타났다. 플랑크는 이를 에너지가 연속적인 값으로 존재한다는 고전 물리학의 입장을 버리고 어떤 불연속적인 값만 가질 수 있다는 가설을 세워 설명하였다.

③ ㉠은 과학적 법칙이 기계적 인과 관계를 벗어날 수 있음을 보여준 것으로, 과학이 세계의 불확실성이나 애매함을 인정하고 비결정론적 개연성을 받아들일 수밖에 없다는 것을 보여주었다.

④ ㉠에 따라 $E_n = nhf$라는 공식을 세웠다. 공식에 따르면 n은 양의 정수이기 때문에 각 입자의 에너지는 hf, $2hf$와 같이 불연속적인 값만을 가질 수 있다. 이는 에너지가 일정한 크기의 덩어리 형태로만 주고받을 수 있는 것임을 의미한다.

⑤ ㉠은 <그림2>와 같이 나타나는 흑체 복사의 측정 결과를 설명하기 위한 것이다. 빛의 파장이 짧아질수록 에너지의 세기가 커진다고 단언할 수 없는 것, 즉 빛의 파장이 가장 짧은 지점에서 흑체의 복사 에너지 세기의 최고점이 형성되지 않는 이유를 설명하기 위한 시도인 것이다.

29. 구체적 사례에의 적용 답 ⑤

해 '서로가 의사소통을 하지 못하는 수많은 개인적 현실'이 존재한다는 점을 인정하는 것은 현실에 대한 객관적 인식이 불가능하다는 것을 보여주는 것이다. 이것이 소설의 허구성을 부정하고 회의를 가지는 것은 아니다. 소설이 직면한 한계는 소설의 허구성에 있는 것이 아니라 현실에 대한 모사로서 기능하는 소설에 대한 것이다.

오 ① [A]에 따르면 현대 물리학의 관점에 따라 객관화된 인식에 대해 부정이 이루어졌다. 그 영향으로 인식 주체에게 객체에 대한 객관적인 인식은 근본적으로 불가능한 것이라는 생각이 생겨났다. 즉 소설이 현실에 대해 '명백하게 어려운 관계'를 갖게 된 것이다.

② '편견 없는 서술'이란 객관적 서술을 말하는 것으로, '편견 없는 서술'이 존재하지 않는다고 보는 것은 소설이 현실을 있는 그대로 모사하는 것이 불가능하다는 것이다.

③ '우리들 모두에게는 사실이지만 개개인에게는 서로 다르게 보'이는 '개별적 우주'라는 것은 객관적 현실 인식에 대한 부정을 뜻한다. 그러므로 이는 세계의 불확실성을 인정하는 것, 물체의 위치와 운동량은 확정적이지 않다는 것으로 현대 물리학의 관점에서 말하는 '불확정성의 원리'와 관련된다.

④ '더 이상 그 자체로 존재하는 외부 현실이 있는 것이 아니'기 때문에 전지적 서술자는 존재하기 어려운 것이다. 객관적 외부 현실에 대한 부정은 모든 것을 조망하고 예견할 수 있는 서술자에 대한 부정으로 이어질 수 있다.

30. 바꿔 쓰기의 적절성 확인
답 ①

解 '고안'은 '연구하여 새로운 안을 생각해 냄. 또는 그 안.'의 의미로, ⓐ와 바꿔 쓰기에 적절하다.

오 ② '계발'은 '슬기나 재능, 사상 따위를 일깨워 줌.'의 의미이다.
③ '제안'은 '안이나 의견으로 내놓음.'의 의미이다.
④ '착안'은 '어떤 일을 주의하여 봄. 또는 어떤 문제를 해결하기 위한 실마리를 잡음.'의 의미이다.
⑤ '창립'은 '기관이나 단체 따위를 새로 만들어 세움.'의 의미이다.

[31~35] (갈래 복합 : 고시 + 수필) (가) 권구, 「병산육곡」, (나) 허균, 「한정록서」

(가) 권구, 「병산육곡」

해제 이 작품은 평생 벼슬에 뜻을 두지 않고 자연과 더불어 살며 학문을 닦았던 작가의 유유자적하는 삶의 태도가 잘 드러나 있는 총 6수의 연시조이다. 작가의 고향인 안동의 병산리에서 제목을 따 온 것으로, 정치적으로 혼탁한 현실에 대한 안타까움과 함께 자연과 일체감을 느끼며 지내는 소박한 삶에 대한 만족감이 드러나 있다.

주제 자연 속에 사는 삶에 대한 만족감

구성

제1곡 : 세속을 멀리하고 자연 속에서 사는 삶
제2곡 : 자연과 벗하여 사는 삶
제3곡 : 자연 속에서 안분지족하는 소박한 삶
제4곡 : 혼탁한 현실에 대한 탄식
제5곡 : 혼탁한 현실에 대한 염려
제6곡 : 자연 속에서 사는 만족감과 자부심

(나) 허균, 「한정록서」

해제 이 글은 허균이 마음에 거슬리는 것 없이 한가롭게 살아가는 인생을 주제로 하여 그 방법과 사례를 모아 놓은 책인 『한정록(閑情錄)』을 편찬하고 그 동기를 밝힌 서문이다. 이 글에서 허균은 자신의 기질이 혼탁한 속세를 벗어나 한가로운 은거를 하는 것에 맞음에도 불구하고 실제로는 그러지 못한 채 어리석게 세속적 가치를 추구하는 삶을 살아왔음을 안타깝게 회고하고, 자신을 과분한 자리에 앉혀 준 임금과 모질게 결별할 수는 없겠으나 더 늦기 전에 은퇴를 허락받아 한가롭게 살고 싶다는 바람을 드러내고 있다.

주제 한가롭게 은거하는 삶에 대한 바람

구성

1~2문단 : 시대와의 불화로 은거를 선택하는 선비들에 대한 인식
3~4문단 : 제멋대로였던 기질 탓에 이룬 것 없이 늙어버린 처지에 대한 회한
5~6문단 : 은둔하여 한가로이 살지 못한 지난 세월에 대한 안타까움
7문단 : 『한정록』 편찬의 동기와 과정
8~9문단 : 임금의 덕으로 과분한 직책을 맡고 있으나 더 늦기 전에 은퇴하여 한가로운 삶을 살고 싶은 심정

31. 작품 간 비교 감상
답 ①

解 (나)의 3문단에서 글쓴이는 지난날을 회고하면서, 어려서부터 제멋대로여서 제대로 가르침을 받지 못하고 예의염치를 지키지 못한 과거의 삶에 회의적인 태도를 보인다. 또 6문단에서 글쓴이는 회고적 진술을 통해 권세와 이익을 좇느라 한가로운 때가 없고 마음이 요동쳤던 지난 세월에 대한 회의감을 드러내고 있다. 그러나 (가)에는 과거를 회고하면서 지난 시절의 삶에 대한 회의를 드러낸 부분이 없다.

오 ② (나)에는 명령형 문장으로 대상에 대한 단호한 태도를 표현한 부분이 없다. (가)에서는 '부귀라 구(求)치 말고 빈천이라 염(厭)치 말아', '백구야 날지 말아', '저 가막이 즛지 말아 이 가막이 좃지 말아' 등과 같은 명령형 표현이 사용되었다.
③ (나)의 '이 세상을 살아가는 선비가 벼슬을 하찮게 여겨 내던지고 아예 숲 속으로 숨어들고 싶겠는가?', '어찌 감히 소부나 허유의 자취를 따르고자 요순 같은 임금님과 결별하는 짓을 모질게 해 치우고 고상한 척하겠는가?' 등은 설의적 표현을 통해 말하고자 하는 바를 강조한 것이다.
④ (가)에서는 반어법으로 극복 의지를 부각한 부분을 찾을 수 없다.
⑤ (나)는 자연을 예찬하는 영탄법을 찾아볼 수 없다.

32. 외적 준거에 따른 감상의 적절성 평가
답 ②

解 <제2곡>의 종장은 아름다운 자연 속에서 한가롭게 살아가면서 세속의 일에는 관심이 없다는 것을 말하고 있으므로, 평생 벼슬을 하지 못해 세상의 일에서 소외될 수밖에 없다는 작가의 인식이 드러났다고 하는 것은 적절한 감상이 아니다.

오 ① <제1곡>의 초장은 부귀라고 해서 구하지 말고 가난이라고 해서 싫어하지 말라는 내용이므로, 가난에 구애됨이 없이 유유자적한 삶을 추구했던 작가의 모습과 관련이 있다.
③ <제4곡>의 중장은 꽃이 떨어지도록 미친 듯이 바람이 부니 어느 가지를 의지하겠느냐는 내용으로, <보기>를 참고할 때 작가가 혼탁했던 당대의 정치 현실을 상징적으로 표현한 것이라고 해석할 수 있다.
④ <제5곡>의 초장에서 화자는 저 까마귀 짖지 말고 이 까마귀 좇지 말라고 명령조로 말하고 있다. <보기>를 참고할 때 여기서 까마귀는 정치 현실을 어지럽히는 세력이나 당파 혹은 벼슬아치를 상징하는 것으로 이해할 수 있다. 따라서 이들에 대한 작가의 부정적인 태도가 <제5곡>의 초장에 반영되어 있다는 감상은 적절하다.
⑤ <제6곡>의 종장은 물가 마을을 무릉도원 같다고 하고 있으므로, 그곳에서의 삶에 대한 작가의 지극한 만족감을 드러낸 것이라고 할 수 있다.

33. 작품 간 비교 감상
답 ③

解 [A]와 <보기> 모두 초월적인 성격의 이상향의 모습이 구체적으로 그려져 있지 않다.

오 ① [A]의 종장은 넓은 하늘에 구름이 떠다니는 눈앞 풍경을 묘사하고 있다. 그러나 <보기>에는 자연의 풍광 묘사가 없다.
② [A]에는 '모재'라는 주거 공간이 등장하지만, <보기>의 '바횟긋 믉ᄀᆞ'는 유흥의 공간에 가깝다.
④ [A]와 달리 <보기>에서는 자연 속에서 소박하고 유유자적하게 사는 삶 이외의 일(부귀나 공명 같은 것)은 부러워할 줄이 있겠느냐고 함으로써 세속적 가치에 대한 화자의 태도가 직접 언급되어 있다.
⑤ [A]와 <보기> 모두 초장에서 보리밥과 나물 같은 소박한 음식을 알맞게 먹는 모습이 드러나 있다.

34. 시어의 의미와 기능 파악
답 ③

解 (가)의 ⓐ는 까마귀들이 판을 치는 세상에 안개가 잔뜩 끼고 날마저 저물어 버린 상황에서 갈 곳 없어 하는 존재로, 암울한 현실로 인해 제대로 뜻을 펼치지 못하는 사람, 예컨대 화자와 같은 올바른 선비들 또는 임금을 상징한다고 볼 수 있다. 화자가 이에 대해 '어엿불사'라고 말하는 것으로 보아 연민을 느끼고 있음을 알 수 있다. 한편 (나)의 글쓴이는 어리석은 자신보다 훨씬 지혜롭다고 느끼게 되는 이, 즉 '혼탁한 속세를 벗어났던 옛날의 현자'를 '큰 기러기', '봉황', '매미' 등에 빗대고 있다. 따라서 ⓑ는 글쓴이가 우러러보는 이를 빗댄 대상이라고 할 수 있다.

35. 필자의 견해 파악
답 ②

解 8문단에서 글쓴이는 자신이 재주가 모자라서 미처 도를 듣지 못했지만 성인이 다스리는 세상에 태어나서 관직이 고위 벼슬아치가 되었으며 직책

이 임금님의 교서를 짓는 것이라고 하였다. 그러므로 자신의 능력에 비해 과분한 직책을 임금 덕에 맡고 있다고 생각하는 것이다.
오 ① 7문단을 보면 글쓴이는 근래에 병으로 휴가를 얻어 두문불출하면서 유의경, 하양준, 여조겸, 도목의 책을 읽었으며, '쓸쓸하고 소탈한 심경을 담아낸 글이 가슴에 확 와 닿았다'고 하였으므로 그 책들에서 정서적인 감동을 받았다고 할 수 있다.
③ 3문단에 따르면 글쓴이는 벼슬을 시작한 후 거침없고 도도한 행동 탓에 권세가로부터 미움을 샀다고 했다.
④ 5문단에서 글쓴이는 은거의 삶을 택한 이들을 세 가지 등급으로 나누어 제시하고 자신이 그 세 가지 방식 중 어느 것도 직접 행하지 못했다는 말을 하였다.
⑤ 8~9문단에 따르면 글쓴이는 자신의 기질이 '시대와 운명에 부합하지 않아서 옛사람이 탄식한 점과 비슷한 구석이 있다'고 하면서 '아직 몸이 건강할 때 조정에서 물러나기를 청하여' 은거하고 싶은 심정을 표현한다. 그러나 '어찌 감히 소부나 허유의 자취를 따르고자 요순 같은 임금님과 결별하는 짓을 모질게 해 치우고 고상한 척하겠는가?'라고 하여 자신을 중용한 임금을 함부로 저버릴 수 없기 때문에 당장 은거를 선택하지 못한다는 뜻을 드러내었다.

[36~38] (현대 소설) 박완서, 「도둑 맞은 가난」

해제 이 작품은 가난에 대한 인식 문제를 사실적으로 다루고 있는 소설이다. 가난하면서도 그 사실을 인정하지 않으려는 '나', 부자이면서도 가난의 경험마저 탐내려는 '상훈'과 그의 아버지를 통해 가난의 문제를 직접적으로 다루고 있다. 특히 자신이 가난한지조차 모르고 살던 '나'는 가난의 현실을 직시하게 되며 깊은 절망감과 자괴감에 빠지게 되는데, 이를 통해 가난한 자들에게서 가난 경험마저 훔쳐 가는 부자들의 모습을 우회적으로 비판하고 있다.
주제 물질 만능주의 사회에 대한 비판
전체 줄거리 '나'의 가족은 아버지가 실직한 이후 어머니의 허영심으로 인해 점차 가난한 처지가 된다. 결국 모든 재산을 날리고 판자촌 단칸방으로 이사를 오게 되고, 어머니는 연탄가스로 자살을 한다. 홀로 남은 '나'는 도금 공장에 다니는 상훈을 알게 되고, 하룻밤에 연탄 반 장을 아낄 수 있지 않느냐는 이유로 상훈과 동거를 시작한다. 그러던 중 상훈은 아무런 예고도 없이 집을 나가고, 어느 날 갑자기 상훈은 좋은 옷을 입고 '나'에게 돌아온다. 상훈은 아버지께서 가난 경험을 시키기 위해 자신을 이곳에 보낸 것이었다고 말하며, 자신과 함께 가자고 제안한다. '나'는 이 제안을 거절하고, 상훈에게 자신의 가난을 도둑맞았음을 느끼게 된다.

36. 작품의 내용 파악 답 ②
해 '인형 옷 만드는 집 아줌마가 텔레비전 연속극 얘길 하면서, 재벌 아들이 인생 공부 삼아 물장산가 뭔가 하는 얘기를 하던 것이. 아무리 연속극이라지만 구역질나는 얘기라고 생각했다.'를 볼 때, '나'는 연속극을 직접 본 것이 아니라 그 이야기를 인형 옷 만드는 집 아줌마를 통해 전해 들었음을 알 수 있다.
오 ① '나는 내 속에서 꿈틀대던 정다운 것들이 영영 사라져 가고 있는 것처럼 느꼈다.'를 볼 때, '나'는 자신에게 사무적으로 대하는 '상훈'에 대해 정이 사라져 감을 느꼈음을 알 수 있다.
③ '아버지가 기분 좋아하시는 낌새를 타 가지고 네 얘기를 했어. 이런 저런 빈민굴의 비참한 실정을 말씀드리다가 대수롭지 않게 슬쩍 내비쳤지.'를 볼 때, '상훈'은 자신의 아버지에게 빈민굴의 실정에 대해 말하다가 '나'에 대해 이야기하였음을 알 수 있다.
④ '물론 끌려들어간 남자가 나였단 소리는 빼고.'를 볼 때, '상훈'은 자신의 아버지에게 '나'와 판자촌 단칸방에서 동거했던 사실을 숨겼음을 알 수 있다.
⑤ '내 가난은 나에게 있어서 소명(召命)이다.', '나는 그를 쫓아 보내고 내가 얼마나 떳떳하고 용감하게 내 가난을 지켰는지 스스로 뽐내며 내 방으로 돌아왔다.'를 볼 때, ''나'는 '상훈'을 내쫓은 직후에 자신의 소명인 가난을 상훈으로부터 지켜 내었다고 여겼음을 알 수 있다.

37. 외적 준거에 따른 작품 감상 답 ③
해 상훈은 '나'에게 '끔찍한 생활을 청산'하라며 돈을 준다. 이는 '나'를 자신의 집으로 데려가 잔심부름이나 시키고자 하는 의도에서 비롯된 행동이다. 가난을 돈벌이의 목적으로 삼으려는 것에서 비롯된 행동으로 보기 어려우며, 이를 통해 '가진 자'의 속물근성을 확인하기도 어렵다.
오 ① 상훈의 아버지는 '고생 좀 실컷하고, 돈 귀한 줄도 좀 알고 오라고 무일푼으로' 상훈을 내쫓는다. 상훈의 아버지는 '가진 자'의 부류에 속하는 인물로, '아버진 만족하고 계셔, 내가 그동안 그 지독한 생활을 잘 견딜걸. 그래서 친구 분한테도 자식들을 그렇게 고되게 키우는 걸 권하실 모양이야.'라는 부분을 볼 때, 상훈의 아버지에게서 가난마저 탐내는 '가진 자'의 모습을 엿볼 수 있다.
② '나'는 '악다구니를 치고 갖은 욕설을 퍼부어' 상훈이 혼비백산하여 도망치게 만든다. '나는 그를 쫓아 보내고 내가 얼마나 떳떳하고 용감하게 내 가난을 지켰는지 스스로 뽐내며 내 방으로 돌아왔다.'라는 부분을 볼 때, 가난을 경험으로 여기는 '가진 자'에 대한 '가지지 못한 자'의 반발 심리를 엿볼 수 있다.
④ '나'는 '내 살림살이들이 무의미하고 더러운 잡동사니가 되어 거기 내동댕이쳐져 있었다.'라고 서술한다. '나는 쓰레기 더미에 쓰레기를 더하듯 내 방 속에, 무의미한 황폐의 한가운데 몸을 던지고'라는 부분을 볼 때, 가난한 현실을 직시하게 된 '가지지 못한 자'의 모습을 엿볼 수 있다.
⑤ '나는 우리가 부자한테 모든 것을 빼앗겼을 때도 느껴 보지 못한 깜깜한 절망을 가난을 도둑맞고 나서 비로서 느꼈다.', '무의미한 황폐의 한가운데 몸을 던지고 뼈가 저린 추위에 온몸을 내맡겼다.'라는 부분을 볼 때, '나'가 '가지지 못한 자'의 절망감과 자괴감을 느끼게 되었음을 알 수 있다.

38. 인물의 태도 및 성격 이해 답 ③
해 '상훈'이 자신의 이야기를 정신 차리고 똑똑히 들으라고 하는 것은 자신의 의도를 '나'가 곡해할 것을 고심하였기 때문이 아니라, '나'가 자신에 대해 오해하고 있는 부분을 바로잡아 주기 위한 의도가 반영된 것이다.
오 ① '상훈'이 아무런 예고도 없이 집을 나갔다가 갑자기 돌아온 상황이다. 특히 잠긴 목소리로 '웬일이야'라고 말한 것으로 보아 '나'는 느닷없이 돌아온 '상훈'으로 인해 놀라 목소리가 잠겼음을 알 수 있다.
② '나'는 '상훈'이 남의 것을 훔치는 도둑질을 하고 가짜 대학생 노릇을 한다고 판단하며, '상훈'에게 미쳤냐고 악을 쓰고 있음을 알 수 있다.
④ '소중한 경험', '돈 주고도 살 수 없는 귀한 경험'으로 평가한 것으로 보아 '상훈'은 자신을 빈민굴에 보낸 아버지에 대해 고마워하고 있음을 알 수 있다.
⑤ '가엾게시리'에서 '상훈'이 베푼 선의를 '나'가 거절한 것에 대해 딱하게 여기고 있음을 알 수 있다.

[39~41] (현대시) (가) 서정주, 「풀리는 한강가에서」, (나) 문정희, 「율포의 기억」

(가) 서정주, 「풀리는 한강가에서」
해제 이 시는 고통스러운 삶을 경험하며 마음의 문을 닫고 살아가던 화자가 겨울에 결빙된 한강물이 녹는 광경을 보며 삶을 수용하고 긍정하는 마음을 표현한 작품이다. 특히 이 작품은 계절의 변화라는 거역할 수 없는 자연의 섭리와 같이 우리의 삶 또한 슬픔과 고통의 시간이 흐른 뒤 기쁨의 시간을 맞이하는 순환의 원리가 작용하고 있다는 인식을 드러내고 있다.

주제 봄을 맞은 기쁨과 삶에 대한 긍정적 수용

구성

제1연 : 강물이 풀리는 봄이 찾아옴.
제2연 : 삶의 고통을 경험하며 가졌던 결연한 의지
제3연 : 계절의 변화를 통해 얻게 되는 기쁨과 위안
제4연 : 봄을 맞아 부활하는 생명의 모습
제5연 : 고통과 기쁨이 순환하는 삶에 대한 수용
제6연 : 강물이 풀리고 봄을 맞이하는 기쁨

(나) 문정희, 「율포의 기억」

해제 이 시는 어린 시절 어머니가 화자를 '검은 뻘밭'에 데리고 갔던 경험을 회고하며, 생명을 유지하기 위한 고된 노동과 투쟁의 가치에 대한 깨달음을 표현한 작품이다. 특히 이 작품에서는 척박한 삶의 현장에서 생명을 유지하기 위한 생명체의 고된 노동과 투쟁이야말로 가장 숭고하고 가치 있는 것임을 자각하는 화자의 모습이 드러나 있다.

주제 생명을 위한 고된 노동과 투쟁의 가치와 숭고함

구성

1~2행: 어린 시절 뻘밭에 갔던 경험에 대한 통찰
3~6행: 척박한 뻘밭에서 투쟁하는 생명의 모습에 대한 자각
7~10행: 생명의 유지를 위해 고된 노동과 투쟁을 해야 하는 숙명
11~17행: 척박한 환경에서 생명 유지를 위한 노동과 투쟁의 숭고함

39. 작품 간의 비교 감상 답 ②

解 (가)는 '강물이 풀리다니', '강물은 무엇하러 또 풀리는가', '강물은 또 풀리는가'와 같은 유사한 시구의 반복을 통해 주제 의식을 강조하고 있다. 또 (나)는 '보여 주기 위해서가 아니었다', '들려주기 위해서가 아니었다', '보여 주기 위해서였다'와 같은 유사한 시구의 반복을 통해 주제 의식을 강조하고 있다.

誤 ① (가)에서는 계절의 변화를 확인할 수 있지만 (나)에서는 계절의 변화를 확인할 수 없다.
③ (가), (나) 모두에서 공간의 이동을 통한 시적 분위기의 변화를 확인할 수 없다.
④ (가), (나) 모두에서 구체적인 청자가 제시된 부분을 찾아볼 수 없다.
⑤ (가), (나) 모두에서 화자의 현실 극복 의지가 드러난 부분은 찾아볼 수 없다.

40. 표현상 특징과 효과 파악 답 ②

解 (가)의 '햇빛'은 따뜻하고 밝은 이미지를 환기하는 것으로 2연의 '서리'나 '얼음짱'과는 대조적이다. 특히 '햇빛'은 고통과 질곡의 겨울을 지나 화자가 맞이한 것으로, 봄의 따스하고 밝은 이미지를 환기하여 화자가 느끼는 평안과 위안을 나타낸 것이라고 볼 수 있다.

誤 ① '서리'와 '얼음짱'은 겨울의 차가운 이미지를 연상시키는 것으로 화자가 경험한 고통을 환기한다고 볼 수 있다.
③ '꿈틀거리는'과 '퍼덕거리는'은 척박한 환경에서도 삶을 이어가기 위한 생명체의 역동적 이미지를 연상시킨다고 볼 수 있다.
④ '맨살'은 일반적으로 의복의 보호를 받는 대상으로서 '쓸쓸한'이라는 표현과 함께 척박한 환경에 노출된 생명체의 연약함을 형상화한 것이라고 볼 수 있다.
⑤ '노을'의 모습을 '각혈을 내뿜다'라고 표현한 것은 '각혈'에서 느껴지는 처절함과 붉은색 이미지를 통해 삶의 현장에서 느낄 수 있는 생명체의 고통과 치열함을 드러낸 것이라고 볼 수 있다.

41. 외적 준거에 따른 감상의 적절성 평가 답 ⑤

解 (나)에서 화자는 어머니가 어린 시절 자신을 바다에 데려간 것은 '소금기 많은 푸른 물'을 보여 주거나 '무위한 해조음'을 들려주기 위해서가 아니라고 말하고 있다. 그러므로 이 두 가지 대상은 화자에게 유의미한 존재가 아닌 단순한 자연물로서, 나약한 인간의 모습을 부각하기 위해 제시한 것은 아니다.

誤 ① <보기>에서 (가)의 화자는 불가역적으로 반복되는 자연 현상을 경험하였다고 언급하고 있다. 그런 의미에서 '강물'이 풀리는 것은 겨울이 가고 봄이 오는 자연의 섭리를 드러낸 것이라고 볼 수 있다.
② <보기>에 따르면 (가)의 화자는 자연의 섭리를 인간이 살아가는 세상에 적용하고 있음을 알 수 있다. 그런 의미에서 죽음과 관련되는 시어인 '꽃상여'와 '떼과부'는 인간이 경험하게 되는 고통으로서 '강물'이 얼어붙는 현상과 대응된다고 볼 수 있다.
③ (가)의 '다시'와 '또 한번'은 모두 반복과 순환을 의미하는 시어로 인간사의 희로애락이 계절과 같이 순환한다는 것을 나타내는 것이라고 볼 수 있다.
④ (나)의 '뻘밭'은 '숨 쉬고 사는 것', 즉 생명이 삶을 유지하기 위해 꿈틀대고 퍼덕거리는 고된 노동과 투쟁의 공간으로 볼 수 있다.

[42 ~ 45] (고전 소설) 작자 미상, 「최고운전」

해제 이 작품은 신라의 문장가 최치원의 일생을 허구적 구성을 통해 형상화한 전기적 성격의 영웅 소설이다. 역사적 실존 인물을 주인공으로 삼았지만 작품의 내용은 사실(史實)과 상당한 거리가 있다. 영웅의 일대기를 뼈대로 하고 있지만 대부분의 영웅 소설과 달리 무예가 아닌 문재(文才)를 타고난 이를 주인공으로 하였으며, 민담과 전설, 신화적인 요소가 다채롭게 수용되어 있다. 이 작품은 당나라에 대한 최치원의 저항, 공격, 승리를 보여 줌으로써 민족적 우월감을 드러내고, 북방 민족에게 당했던 설움을 정신적으로 보상받고자 하는 민중의 심리가 반영되어 있다.

주제 최치원의 영웅적 면모와 민족적 자긍심 고취

전체 줄거리 금돼지에게 납치되었다가 돌아온 최충의 부인이 여섯 달 만에 치원을 낳고 치원은 금돼지의 자식이라며 버려지게 된다. 치원의 글 읽는 소리를 들은 중국 황제는 두 학사를 보내 실력을 겨루지만 어린 치원을 당해 내지 못한다. 치원은 나 승상의 딸을 아내로 삼는 것을 조건으로 중국 황제가 보낸 함 속의 물건을 알아맞히는 시를 짓는다. 치원의 비범성에 놀라서 후일의 걱정을 덜고자 그를 죽이려는 황제는 치원을 중국으로 부른다. 중국에 도착한 치원은 황제의 간계를 물리치고 학사들과 문장을 겨루어 이긴다. 이때 황소의 난이 일어나자 치원은 격문을 지어 항복을 받고 치원을 질투한 신하들은 그를 죽이려고 유배를 보낸다. 유배지에서 몇 차례의 위기를 극복한 치원은 신라로 돌아오지만 실망하고 가야산에 들어가 신선이 된다.

42. 작품의 내용 이해 답 ②

解 황제는 함을 쪼개어 본 후 알이 부화하여 새끼가 되어 있는 것을 보고 나서야 치원이 지은 시 중 '정을 머금은 채 소리를 토하지 못하네'라는 구절을 이해하고 감탄한다. 따라서 알의 부화를 들어 치원의 시가 오류임을 지적했다는 진술은 내용을 잘못 이해한 것이다.

誤 ① 치원이 지은 시를 승상이 들고 가서 왕에게 바치자 왕이 놀라며 "경은 어떻게 알고 지었소?"라고 묻는 것으로 볼 때, 왕은 그 시를 승상이 지었다고 생각했음을 알 수 있다.
③ 승상은 딸이 혼례를 올린 다음 날 사람을 부려 신방에 다녀오게 하고 "사위가 시를 짓더냐?"라는 질문부터 던졌다.
④ 황제가 자신을 소국에서 온 사람이라고 업신여기고 부려 놓은 간계를 미리 내다본 치원은 지략 대결의 첫 관문에서 긴 모자를 이용함으로써 기선을 제압하였고, 황제는 자존심이 상해 부끄러워하며 문을 부수라고

명령하였다.
⑤ 치원이 자신을 사위로 삼아 달라는 요구를 해 오자 승상은 일단 그 요구가 사리에 어긋남을 꾸짖은 후에 그 요구를 들어 줄 수 있는 조건으로 시 창작을 제시하였다.

43. 외적 준거에 따른 감상의 적절성 평가 답 ⑤

해 치원이 발로 함을 밀어내고 누워서 "내 비록 토막토막 갈린다 해도 시를 지을 수 없습니다."라고 말하는 것은 중국에 대한 민중의 반감이 표출된 것이 아니라 자신의 요구를 들어 주지 않는 승상에 대한 항의이다. 중국에 대한 반감과 관련된 요소는 중국의 황제가 신라와 치원을 괴롭히고 함정에 빠뜨리려 한다는 식의 설정 같은 것이라고 할 수 있다.
오 ① 부적을 던져 음악 소리를 멈추고, 부적을 벌로 변신시켜 코끼리가 입을 못 열게 하는 것 같은 일은 비현실적이고 신이한 행적이므로 작품의 전기적 요소에 해당한다.
② 중국 학사들이 쏟아내는 질문에 치원이 순식간에 수많은 시를 지어내는 것은 문재(文才)가 뛰어난 활약상으로, <보기>에서 설명한 대로 대부분의 영웅 소설과 다른 점에 해당한다.
③ 치원의 시를 본 황제는 '천하의 기재(奇才)'라고 감탄하고, 학사들도 칭찬하지 않는 자가 없었다고 했다. 이는 치원을 통해 민족적 우월감을 과시하려는 민중적 욕망이 반영된 요소이다.
④ <보기>의 설명을 참고할 때, 황제가 낸 문제를 해결할 임무를 맡은 승상이 스스로 시를 짓지 못하고 노비인 파경(치원)이 시를 짓는 일에만 전적으로 의존하는 모습은 무능한 당시 지배층에 대한 민중들의 비판 의식과 관련이 있는 설정이라고 해석해 볼 수 있다.

44. 인물의 말하기 방식 평가 답 ①

해 [B]에서 승상은 대화 상대인 딸의 발화를 착하다고 평가하면서, 그 말로 인해 딸을 효녀라고 이를 만하다고 얘기하고 있다. 이는 상대의 발화에 대한 주관적 가치 평가를 제시한 것이다. 그러나 [A]에서는 그런 부분을 찾을 수 없다.
오 ② [A]의 '예부터 지금에 이르기까지 가히 아낄 바는 오직 사람의 목숨일 뿐입니다.'는 자신이 가장 중요히 여기는 가치를 언급한 것으로, 파경의 요구를 들어 주라는 자신의 말을 강조한 것이다.
③ 지금까지 상대에게 숨겨 왔던 진심을 털어놓은 부분은 [A]가 아니라 [B]에 있다. '부모의 마음으로 만약 그 아이를 배필로 삼으면 너에게 백년의 근심이 될까 두려웠기 때문에 어쩔 수 없이 거절했던 것이다.'가 그것이다.
④ [A]에는 자신의 과거 경험을 언급한 부분이 없다.
⑤ [B]에는 자신이 상대에게 요구하는 바를 명시적으로 거론한 부분이 없다.

45. 소재의 서사적 기능 파악 답 ⑤

해 승상의 딸이 꾼 꿈은 그녀에게 미래의 사건, 즉 치원의 시가 완성될 것임을 예언해 주는 역할을 하므로 ㉡은 적절하다. 그리고 꿈속에서 상서로운 기운이 함을 꿰뚫는다든지 하늘나라 신선의 모습을 떠올리게 하는 이들이 나와 시를 짓는다든지 하는 것은 장차 지어질 치원의 시가 초월적 세계와 연관된 신이한 것임을 암시하는 것이라고 할 수 있으므로 ㉣도 적절하다. 또 승상이 처음에는 치원의 시를 믿지 못하다가, 신이한 요소를 담고 있는 꿈 이야기를 듣고 나서야 그 시가 난제에 대한 올바른 답을 담고 있다고 믿게 되었으므로, 딸의 꿈은 승상이 치원의 시에 대한 확신을 갖게 해 주는 근거로 작용한 것이다. 따라서 ㉢도 적절하다. 그러나 치원의 시는 이 꿈에 영감을 받아 창작된 것이 아니므로 ㉠은 적절하지 않다.